YADA YAHUAH

HEBREO BÍBLICO

Descubre el Hebreo de las Escrituras para conocer a Yahuah

— ידע יהוה —

Niveles 1 y 2

DR. YERAL E. OGANDO

Copyright
Yada Yahuah — Hebreo Bíblico
Descubre el hebreo de las Escrituras para conocer a Yahuah

 Este curso ha sido desarrollado con el propósito de ayudar al estudiante a comprender el hebreo bíblico de las Escrituras y facilitar el acceso directo al texto hebreo del Tanak.

Las transliteraciones y explicaciones lingüísticas incluidas en este curso tienen fines educativos y están diseñadas para facilitar el aprendizaje del hebreo bíblico de manera clara y accesible.
El autor reconoce que existen diferentes enfoques académicos y tradiciones en la pronunciación del hebreo bíblico. Este curso presenta un método específico de enseñanza con fines pedagógicos, orientado a facilitar la comprensión práctica del idioma.

TÍTULO DEL CURSO
Yada Yahuah — ידע יהוה — Hebreo Bíblico
ISBN: 978-1-946249-61-6
Primera edición: 2026
Idioma: Edición Original.
Impreso y distribuido con fines educativos

TABLA DE CONTENIDO

DEDICATORIA

Este curso está dedicado a todos aquellos que desean acercarse al mensaje de las Escrituras a través de su idioma original.
A los estudiantes que buscan comprender el hebreo bíblico con humildad, paciencia y un deseo sincero de aprender.
A quienes desean leer las Escrituras lo más cerca posible de las palabras en las que fueron originalmente transmitidas.
Y especialmente a aquellos que desean cumplir el propósito expresado en el nombre de este curso:

ידע יהוה
Yada Yahuah
Conocer a Yahuah

INTRODUCCIÓN

El hebreo bíblico es el idioma en el cual fueron escritas la mayoría de las Escrituras del Tanak. Comprender este idioma permite acercarse al texto de las Escrituras de una manera más directa, sin depender únicamente de traducciones.

Este curso ha sido diseñado para introducir al estudiante al hebreo antiguo de las Escrituras, trabajando directamente con el texto consonántico del Tanak y con palabras reales que aparecen a lo largo del texto bíblico.

El objetivo de este curso no es únicamente aprender un idioma, sino también desarrollar una comprensión más profunda del mensaje original preservado en las Escrituras.

El nombre de este curso refleja precisamente ese propósito.

SIGNIFICADO DEL NOMBRE DEL CURSO

ידע — Yada
La palabra Yada significa:
conocer, entender o percibir profundamente.
En el hebreo bíblico, yada no se refiere solamente a conocimiento intelectual. Expresa una forma de conocimiento más profunda, que involucra experiencia, comprensión y relación.

יהוה — Yahuah
Este es el Nombre del Creador que aparece miles de veces en las Escrituras.
El Nombre está compuesto por cuatro letras hebreas:

יהוה

Muchas traducciones modernas sustituyen este Nombre por títulos como "Señor". Sin embargo, en el texto hebreo original, el Nombre aparece de manera clara y repetida a lo largo de las Escrituras.

CÓMO USAR ESTE CURSO

El curso Yada Yahuah — ידע יהוה — Hebreo Bíblico ha sido diseñado para guiar al estudiante paso a paso en el aprendizaje del hebreo bíblico de las Escrituras. El objetivo principal es ayudar al estudiante a reconocer y comprender el texto hebreo del Tanak, comenzando desde los elementos fundamentales del idioma. Este material contiene los dos primeros niveles del curso, los cuales establecen la base esencial necesaria para comenzar a entender el hebreo bíblico.

ESTRUCTURA DEL CURSO

Nivel 1 — Fundamentos del Hebreo Bíblico

En este nivel el estudiante aprenderá los elementos básicos del idioma, incluyendo:

- El alfabeto hebreo
- Las letras finales (Sofit)
- Primeras palabras del Tanak
- Introducción a las raíces hebreas
- Reconocimiento de palabras simples

El objetivo de este nivel es que el estudiante pueda reconocer las letras del hebreo bíblico y comenzar a leer palabras básicas de las Escrituras.

Nivel 2 — Estructura del Hebreo Bíblico

En el segundo nivel el estudiante aprenderá elementos importantes que aparecen constantemente en el texto de las Escrituras, tales como:

- Prefijos comunes
- El artículo definido
- Partículas importantes
- Raíces hebreas frecuentes
- El plural en el hebreo bíblico
- Palabras que aparecen repetidamente en el Tanak

Al finalizar este nivel, el estudiante podrá identificar muchas palabras dentro del texto hebreo del Tanak y comprender estructuras básicas del idioma.

MÉTODO DE APRENDIZAJE

Cada lección incluye:

- Texto hebreo
- Transliteración
- Significado de las palabras
- Explicaciones básicas
- Ejercicios de lectura

El curso utiliza palabras reales que aparecen en el Tanak, permitiendo al estudiante familiarizarse con el idioma exactamente como aparece en las Escrituras.

¿Qué es el Tanak?

La palabra Tanak (תנ״ך) es un acrónimo formado por las tres secciones principales de las Escrituras hebreas.

SECCIÓN	HEBREO	TRANSLITERACIÓN
תורה	Torah	Instrucción / Ley
נביאים	Nabiym	Profetas
כתובים	Katubiym	Escritos

Las iniciales de estas tres palabras forman:

תנ״ך

Tanak.

PRONUNCIACIÓN EN AUDIO

Todas las palabras y expresiones en hebreo que aparecen en este curso incluyen una grabación de audio en formato MP3 para ayudar al estudiante a escuchar la pronunciación.

Descargue los audios MP3 en https://aprendeis.com/download-mp3/, seleccione el título de su libro y mejore su aprendizaje con audio.
Cada vez que el curso presenta:

- una palabra hebrea
- una frase en hebreo
- o un versículo del Tanak

el estudiante podrá escuchar el audio correspondiente y repetir la pronunciación.
El objetivo no es solo reconocer las palabras visualmente, sino también escuchar y practicar los sonidos del hebreo bíblico.
Se recomienda escuchar cada audio varias veces y repetir en voz alta para desarrollar familiaridad con el idioma.
La práctica constante de escuchar y repetir mejorará significativamente la capacidad del estudiante para comprender el hebreo bíblico.

Recomendaciones para el Estudiante

Para aprovechar al máximo este curso se recomienda:

- Estudiar una lección a la vez
- Leer las palabras hebreas varias veces
- Escuchar los audios de pronunciación
- Repetir las palabras en voz alta
- Repasar regularmente las lecciones anteriores

El aprendizaje del hebreo bíblico requiere constancia y paciencia. Con práctica continua, el estudiante comenzará a reconocer cada vez más palabras directamente dentro del texto del Tanak.

EL PROPÓSITO DEL CURSO

El propósito de Yada Yahuah — **ידע יהוה** —Hebreo Bíblico es ayudar al estudiante a acercarse al idioma original de las Escrituras.
A través del estudio del hebreo bíblico, el estudiante puede comenzar a comprender con mayor claridad las palabras que han sido preservadas en el Tanak.
De esta manera, el aprendizaje del idioma se convierte también en una forma de avanzar hacia el propósito expresado en el nombre de este curso:
ידע יהוה
Yada Yahuah
Conocer a Yahuah

PROGRESO DEL ESTUDIANTE

Yada Yahuah — **ידע יהוה** — Hebreo Bíblico
Esta tabla permite al estudiante llevar un seguimiento claro de su progreso a lo largo del curso.

Se recomienda marcar cada lección cuando:

- haya sido leída completamente
- se hayan realizado todos los ejercicios
- se haya practicado la pronunciación

PROGRESO DE LECCIONES

LECCIÓN	TEMA	COMPLETADO
1	Primeras letras	☐
2	Nuevas letras	☐
3	Más letras y primeras raíces	☐
4	Nuevas letras y palabras bíblicas	☐
5	Más letras del hebreo bíblico	☐
6	Letras finales del alfabeto	☐
7	Raíces del hebreo bíblico	☐
8	Prefijos del hebreo bíblico	☐
9	El artículo definido	☐
10	Letras finales (Sofit)	☐
11	Repaso de las lecciones 1–10	☐
12	El plural en hebreo bíblico	☐
13	El estado constructo	☐
14	Pronombres personales	☐
15	Pronombres posesivos	☐
16	Verbo fundamental	☐
17	Orden de las palabras en hebreo bíblico	☐
18	Primer versículo del Tanak	☐
19	Palabras frecuentes del Tanak	☐
20	Raíces fundamentales	☐

PROGRESO DEL ALFABETO

El estudiante puede marcar cada letra cuando sea capaz de reconocerla fácilmente dentro de palabras.

LETRA	NOMBRE	DOMINADA
א	Alef	☐
ב	Bet	☐
ג	Gimel	☐
ד	Dalet	☐
ה	He	☐
ו	Waw	☐
ז	Zayin	☐
ח	Het	☐
ט	Tet	☐
י	Yod	☐
כ	Kaf	☐
ל	Lamed	☐
מ	Mem	☐
נ	Nun	☐
ס	Samek	☐
ע	Ayin	☐
פ	Pe	☐
צ	Tsade	☐
ק	Qof	☐
ר	Resh	☐
ש	Shin	☐
ת	Taw	☐

PROGRESO DE VOCABULARIO

El estudiante puede marcar cada palabra cuando sea capaz de leerla y reconocer claramente su significado.

HEBREO	TRANSLITERACIÓN	SIGNIFICADO	DOMINADA
אב	Ab	Padre	☐
בן	Ban	Hijo	☐
מלך	Malak	Rey	☐
מים	Mayim	Agua	☐
ארץ	Arats	Tierra	☐
שם	Sham (Shem)	Nombre	☐
יום	Yom	Día	☐
אלהים	Alohiym	(dioses)	☐
יהוה	Yahuah	Nombre del Creador	☐
שמע	Shama	Escuchar / oír	☐

RECOMENDACIÓN PARA EL ESTUDIANTE

Para avanzar con mayor facilidad en el curso se recomienda:

- estudiar una lección a la vez
- escuchar los audios de pronunciación
- repetir las palabras en voz alta
- repasar el alfabeto regularmente
- practicar la lectura del hebreo con frecuencia

El progreso constante permitirá al estudiante reconocer cada vez más palabras del Tanak con seguridad y confianza.

GUÍA DE PRONUNCIACIÓN PARA LAS TRANSLITERACIONES HEBREAS

Yada Yahuah — ידע יהוה — Hebreo Bíblico
Esta guía explica cómo pronunciar las palabras hebreas que aparecen en forma transliterada a lo largo de este curso.
El estudiante debe leer la transliteración, no las letras hebreas directamente.
Ejemplo
YAHUAH (יהוה)
Pronunciación:
ia-jú-a
ALOHIYM (Elohiym) (אלהים)
Pronunciación:
a-lo-jiim
El sistema de pronunciación de este curso sigue un método fonético simplificado diseñado para ayudar al estudiante a leer el hebreo bíblico con mayor facilidad.

NOTA SOBRE LAS PRONUNCIACIONES UTILIZADAS EN ESTE CURSO

En algunas palabras hebreas de este curso pueden aparecer dos formas de pronunciación.
Ejemplo
ALOHIYM (Elohiym)
Esto significa lo siguiente:
ALOHIYM
Representa la pronunciación utilizada en este curso, basada en una forma más antigua del hebreo. Esta será siempre la forma principal de enseñanza.
(Elohiym)
Representa una pronunciación moderna o académica. Se incluye solo como referencia y siempre aparecerá entre paréntesis.

REGLA DEL CURSO

Siempre que una palabra aparezca en este formato:
FORMA ANTIGUA (forma moderna)

El estudiante debe:

1. Leer la forma del curso
2. Considerar la forma entre paréntesis solo como referencia

Ejemplo

אלהים
ALOHIYM (Elohiym)
Significado: dioses

EJEMPLOS UTILIZADOS EN ESTE CURSO

HEBREO	FORMA DEL CURSO	FORMA MODERNA
אלהים	ALOHIYM	(Elohiym)
ישראל	YASHARAL	(Yisrael)
בראשית	BARASHIT	(Bereshit)

1. VOCALES

Vocales en la transliteración

Las vocales en este curso se pronuncian de manera consistente.

El hebreo bíblico antiguo fue escrito principalmente con consonantes. Las vocales no estaban originalmente escritas y se preservaron mediante la tradición oral.

Para facilitar el aprendizaje, este curso utiliza vocales latinas en la transliteración.

Estas vocales no representan necesariamente la pronunciación exacta original, sino que sirven como ayuda pedagógica.

VOCALES UTILIZADAS EN ESTE CURSO

VOCAL	PRONUNCIACIÓN (COMO EN ESPAÑOL)	EJEMPLO
A	A	Amo
E	E	Elefante
I	I	Idioma
O	O	Obra
U	U	Unidad

Nota importante
El hebreo bíblico original no incluía vocales escritas.
Las vocales en la transliteración deben entenderse como una ayuda de lectura.
Ejemplos
YAHUAH — ia-jú-a
YAHUSHA — ia-jú-sha

2. Vocales marcadas

Â
Ê
Î
Ô
Ĕ

Estas marcas no cambian la pronunciación. Siempre se pronuncian igual que en español.
Ejemplo
ÂLÔHÎYM
a-lo-jiim

3. LA LETRA H

PALABRA	PRONUNCI-ACIÓN
YAHUAH	ia-jú-a
YAHUSHA	ia- jú-sha
MASHIYACH	ma-shii-aj

Regla importante

Si la H aparece al final de una palabra, normalmente no se pronuncia. En todos lugares se pronunciará como la "j" latina, en algunos casos fuerte en la garganta, en otros suave. Al final cuando esta sola, no se pronuncia.

4. EL SONIDO SH

SH se pronuncia como "sh"

Ejemplos:

show

shampoo

5. EL SONIDO TS

TS se pronuncia como en "pizza"

PALABRA	PRONUNCI-ACIÓN
TSADOQ	tsa-doq
TSIYON	tsii-ion

6. EL SONIDO CH / KH

Representa un Sonido gutural producido en la garganta.

Corresponde al Sonido "j" del español.

Similar a:

- la H en inglés (hotel)
- CH en alemán (Bach)
- CH en escocés (loch)

Cómo pronunciarlo

1. Comenzar con Sonido J
2. Empujar el aire desde la garganta
3. Hacerlo más fuerte

Nota importante

❌ No como "ch" en español

✓ Sí como una J fuerte

Letras hebreas asociadas

ח — Het

כ — Kaf (sin dagesh)

Ejemplos

CHANOK — Ja-nok

MASHIYACH — ma-shii-aj

Práctica

CHANOK

MASHIYACH

7. EL NOMBRE DEL ALTÍSIMO

YAHUAH
YA — HU — AH
ia-jú-a
La H en medio como "J" y La H final no se pronuncia (muda).

8. El título ALOHIYM

ALOHIYM (אלהים)
a-lo-jiim

9. Ejemplos

TRANSLITERACIÓN	PRONUNCI-ACIÓN
YAHUAH	ia-jú-a
YAHUSHA	ia- jú -sha
ALOHIYM	a-lo-jiim
YASHARAL	ia-sha-ral
MASHIYACH	ma-shii-aj

SISTEMA DE TRANSLITERACIÓN DEL CURSO

Yada Yahuah —ידע יהוה — Hebreo Bíblico
Esta tabla muestra cómo se representan las letras hebreas utilizando letras latinas dentro de este curso.

El sistema de transliteración está diseñado para que los estudiantes puedan leer palabras hebreas fácilmente mediante una pronunciación clara y consistente.

Consonantes

HEBREO	NOMBRE	TRANSLITERACIÓN	SONIDO APROXIMADO
א	Alef	A	soporte vocálico / silencioso
ב	Bet	B	B
ג	Gimel	G	G
ד	Dalet	D	D
ה	He	H	H suave
ו	Waw	U / W	u / w
ז	Zayin	Z	Z
ח	Het	H	H gutural fuerte
ט	Tet	T	T
י	Yod	Y	Y / i
כ	Kaf	K	K
ל	Lamed	L	L
מ	Mem	M	M
נ	Nun	N	N
ס	Samek	S	S

HEBREO	NOMBRE	TRANSLITERACIÓN	SONIDO APROXIMADO
ע	Ayin	A	Sonido vocal profundo
פ	Pe	P	P
צ	Tsade	TS	ts
ק	Qof	Q	K profunda
ר	Resh	R	R
ש	Shin	SH	sh
ת	Taw	T	T

LETRAS FINALES (SOFIT)

En el hebreo bíblico, cinco letras cambian su forma cuando aparecen al final de una palabra.

Estas formas especiales se llaman Sofit (formas finales).

Es importante entender que no son letras diferentes, sino las mismas consonantes en posición final.

FORMA NORMAL	FORMA FINAL	NOMBRE
כ	ך	Kaf Sofit
מ	ם	Mem Sofit
נ	ן	Nun Sofit
פ	ף	Pe Sofit
צ	ץ	Tsade Sofit

REGLA IMPORTANTE

- Forma normal → inicio o medio de la palabra
- Forma final → solo al final

Ejemplos

PALABRA	TRANSLITERACIÓN	SIGNIFICADO
מלך	Malak	rey
מים	Mayim	agua
בן	Ban	hijo
אלף	Alaf	mil
ארץ	Arats	tierra

Observe que cada palabra termina con una letra final (Sofit).

Desglose del ejemplo

מלך

Letras:

מ — Mem

ל— Lamed

ך — Kaf Sofit

Aunque la forma cambia, representa el mismo Sonido K que s כ.

Por qué el hebreo usa formas finales

Las formas finales ayudan a reconocer la estructura de las palabras al leer. Cuando aparece una forma final, indica que la letra está al final de la palabra.

Práctica

Identifique las letras finales en:

מים

מלך

בן

ארץ

VOCALES UTILIZADAS EN LA TRANSLITERACIÓN

El sistema de transliteración utiliza vocales simples y consistentes.
Estas vocales no deben leerse según los múltiples sonidos del inglés.

VOCAL	SONIDO APROXIMADO	EJEMPLO
A	A	Amo
E	E	Elefante
I	I	Idioma
O	O	Oscuro
U	U	Último

Y siempre como "i" —

Ejemplos

TRANSLITERACIÓN	PRONUNCIACIÓN
YAHUAH	ia-jú-a
ALOHIYM	a-lo-jiim
YASHARAL	ia-sha-ral
MASHIYACH	ma-shii-aj

Regla para el estudiante

Al leer transliteración:

- pronunciar cada vocal igual siempre
- usar sonidos del español (Son iguales)
- seguir el sistema del curso

COMBINACIÓN	PRONUNCIACIÓN
TS	ts
KH	Sonido gutural Fuerte – J
CH	Sonido gutural Fuerte – J
MASHIYACH	mah-shee-ahkh

Ejemplos de transliteración

HEBREO	TRANSLITERACIÓN	PRONUNCIACIÓN
יהוה	YAHUAH	ia-jú-a
אלהים	ALOHIYM	a-lo-jiim
ישראל	YASHARAL	ia-sha-ral
משיח	MASHIYACH	ma-shii-aj
ציון	TSIYON	tsii-ion

Regla general del curso

Cuando aparezca una palabra hebrea:

1. Leer la transliteración
2. Escuchar el audio
3. Repetir la pronunciación

Este sistema permite aprender hebreo bíblico sin conocimiento previo.

Nota importante

La transliteración es una herramienta de aprendizaje.

Cada palabra aparecerá en este orden:

1. Texto hebreo
2. Transliteración
3. Significado

Ejemplo

מלך

Malak (melek)

Rey

TABLA DEL ALFABETO HEBREO

Yada Yahuah — ידע יהוה — **Hebreo Bíblico**
El hebreo bíblico utiliza un alfabeto de 22 letras.
Las palabras se escriben de derecha a izquierda.

Alfabeto Hebreo

LETRA	NOMBRE	TRANSLITERACIÓN	SONIDO APROXIMADO
א	Alef	A	pausa o soporte vocálico
ב	Bet	B	B
ג	Gimel	G	G
ד	Dalet	D	D
ה	He	H	H suave
ו	Waw	W / U	w / u
ז	Zayin	Z	Z
ח	Het	H	H gutural fuerte
ט	Tet	T	T
י	Yod	Y	Y
כ	Kaf	K	K
ל	Lamed	L	L
מ	Mem	M	M
נ	Nun	N	N
ס	Samek	S	S
ע	Ayin	A	Sonido gutural
פ	Pe	P	P
צ	Tsade	TS	ts
ק	Qof	Q	K profunda
ר	Resh	R	R
ש	Shin	SH	sh
ת	Taw	T	T

LETRAS FINALES (SOFIT)

FORMA NORMAL	FORMA FINAL	NOMBRE
כ	ך	Kaf Sofit
מ	ם	Mem Sofit
נ	ן	Nun Sofit
פ	ף	Pa (pe) Sofit
צ	ץ	Tsade Sofit

Ejemplo de palabra hebrea

מלך

Rey

Esta palabra contiene tres letras:

LETRA	NOMBRE
מ	Mem
ל	Lamed
ך	Kaf Sofit

Recomendación para el estudiante

Para familiarizarse con el alfabeto hebreo:

- observar cada letra varias veces
- leer su nombre en voz alta
- escuchar el audio
- practicar reconocimiento en palabras

Con práctica constante, el estudiante identificará las letras del Tanak con mayor rapidez y seguridad.

YADA YAHUAH

HEBREO BÍBLICO

Aprende a leer el hebreo de las Escrituras y descubre el Nombre Yahuah.

— ידע יהוה —

Nivel 1

LECCIÓN 1 — PRIMERAS LETRAS

Introducción

El hebreo bíblico es el idioma en el cual fueron escritas la mayoría de las Escrituras del Tanak.

El primer paso para aprender este idioma es familiarizarse con su alfabeto. El alfabeto hebreo tiene 22 letras. Cada letra tiene su propio nombre y sonido. En esta primera lección aprenderemos las primeras cuatro letras y leeremos nuestras primeras palabras del Tanak.

Objetivo de la Lección

Al finalizar esta lección, el estudiante podrá:

- reconocer las letras Alef, Bet, Gimel y Dalet
- identificar estas letras dentro de palabras hebreas
- leer palabras básicas del Tanak

Letras del Alfabeto

HEBREO	NOMBRE	LECTURA
א	Alef	pausa / soporte vocálico
ב	Bet	B
ג	Gimel	G
ד	Dalet	D

Alef no tiene un sonido propio como las otras letras. Funciona como una pausa o soporte para una vocal.

Explicación de las Letras

Alef — א

Representa una pausa o un golpe de glotis.

Ejemplo

אב

Ab (av)

Padre

Bet — ב

Representa el Sonido B.

Ejemplo

בן

Ban (ben)

Hijo

Gimel — ג

Representa un sonido G, como en:

- gato
- guineo
- guerra

Nunca cambia de sonido y nunca como (ge – gi) en español.

Ejemplo

גבר

Gabar

ser fuerte / prevalecer

Dalet —ד

Representa el Sonido D.

Ejemplo

דג

Dag

pez

Palabras Bíblicas

HEBREO	TRANSLITERACIÓN	SIGNIFICADO	STRONG
אב	Ab (av)	Padre	H1
בן	Ban (ben)	Hijo	H1121
גבר	Gabar	Ser fuerte	H1396
דג	Dag	Pez	H1709

EJERCICIOS — LECCIÓN 1

0. Práctica de Escritura

א ב ג ד

1. Reconocimiento de Letras

Identifique las siguientes letras:

א

ב

ג

ד

2. Lectura de las Letras

Lea cada letra en voz alta:

א — Alef

ב — Bet

ג— Gimel

ד — Dalet

3. Relacionar Letra con Sonido

Relacione cada letra:

א → __

ב → __

ג → __

ד → __

(B, G, D, pausa)

4. Desglose de Palabras

Separe las letras:

אב ______________________________

א ______________________________

ב ______________________________

בן ______________________________

ב ______________________________

ן ______________________________

דג ______________________________

ד ______________________________

ג ______________________________

5. Reconstrucción de Palabras

Complete las palabras:

אב → ב _

בן → _ ב

דג → ג _

6. Práctica de Lectura

Lea las palabras:

אב — Ab

בן— Ban

גבר— Gabar

דג — Dag

7. Comprensión

¿Qué significan estas palabras?

אב → ______

בן → ______

דג → ______

8. Identificación de Letras en Palabras

Identifique la letra indicada:

¿Qué letra es ג en esta palabra?

גבר

¿Qué letra es ד en esta palabra?

דג

9. Repetición Oral

Lea en voz alta varias veces:

אב

בן

דג

גבר

CAMINO DIARIO CON YAHUAH

Un Camino Guiado — Lección 1: Dos Expresiones para Conocer a Yahuah

בקר טוב יהוה

Bakar Tob Yahuah

Buenos días, Yahuah

אני בא אליך

Ani ba alakha

Vengo a Ti

Resumen de la Lección

En esta lección el estudiante aprendió:

- cuatro letras del alfabeto hebreo
- cómo suena cada letra
- cómo reconocer cada letra dentro de palabras
- cuatro palabras del Tanak

LECCIÓN 2 — NUEVAS LETRAS

Introducción

En esta lección continuaremos aprendiendo nuevas letras del alfabeto hebreo.
Cada nueva letra nos permitirá leer más palabras del Tanak.

Objetivo de la Lección

El estudiante podrá:

• reconocer las letras He, Waw, Zayin y Het

• leer palabras formadas con estas letras

Letras del Alfabeto

HEBREO	NOMBRE	LECTURA
ה	He	J (suave, con aire)
ו	Waw	W / U
ז	Zayin	Z
ח	Het	J gutural fuerte

He — ה

Representa un sonido suave con aire.
Es más ligero que el sonido gutural fuerte, pero no es completamente silencioso.

Ejemplo Bíblico

היום

Transliteración del curso:

HaYom

Significado:

El día

Nota para el Estudiante

En este curso, la letra He (ה) se representa con la letra J en la transliteración. Debe pronunciarse como un sonido suave con aire.

Palabras Bíblicas

HEBREO	TRANSLITERACIÓN	SIGNIFICADO	STRONG
דוד	Dawid	David	H1732
היה	Jaiá	Ser / existir	H1961

Ejemplo Bíblico

Texto:

זה היום

Transliteración:

Zah Jaiom

Significado:

Este es el día

(Salmo 118:24)

Nota

En materiales académicos, este término aparece como Zeh.

En este curso se usa Zah como aproximación simplificada.

Sobre la letra ו — Waw

En este curso usamos el nombre Waw para la letra:

ו

En muchos materiales modernos aparece como Vav, pero eso refleja una pronunciación posterior.

En el hebreo antiguo, su sonido era más cercano a W.

Por esa razón usamos:

Sonido Aproximado

LETRA	NOMBRE	LETRA / SONIDO APROXIMADO
ו	Waw	w / u

Puede funcionar como:

- consonante W
- soporte de vocal U / O

Ejemplo Bíblico

והארץ

Transliteración:

WaJaArats

Significado:

Y la tierra

Aquí ו (Waw) funciona como prefijo:

Wa

y

Nota para el Estudiante

En este curso siempre se usará el nombre Waw.

EJERCICIOS — LECCIÓN 2

0. Práctica de Escritura

ה ו ז ח

1. Reconocimiento

ה

ו

ז

ח

2. Repaso

א

ב

ג

ד

3. Lectura Completa

א

ב

ג

ד

ה

ו

ז

ח

4. Desglose

בן

ב

ן

5. Reconstrucción

ב___

Respuesta:

בן

6. Desglose

דוד

ד

ו

ד

7. Reconstrucción

ד _ ד

Respuesta:

דוד

8. Lectura

דוד

Dawid

David

9. Lectura de Verbo

היה

Jaiá

Ser / existir

10. Lectura de Frase

זה היום

Zah Jaiom

Este es el día

11. Repaso
אב
בן
דוד
היה

12. Comprensión
¿Qué significa la palabra?
דוד
Respuesta:
David

CAMINO DIARIO CON YAHUAH

Un Camino Guiado — Lección 2: Dos Expresiones para Conocer a Yahuah
אתה אלהי
Atah Alojai
Tú eres mi Alohiym "Alojiim"

אני עבדך
Ani abadakja
Yo soy Tu siervo

Resumen de la Lección
El estudiante ahora conoce 8 letras del alfabeto hebreo.

LECCIÓN 3 — MÁS LETRAS Y PRIMERAS RAÍCES

Introducción

El hebreo bíblico se basa principalmente en raíces formadas por tres consonantes.

Estas raíces contienen la idea central de muchas palabras relacionadas.

Al aprender a reconocer las raíces hebreas, el estudiante puede comenzar a entender cómo muchas palabras del Tanak están conectadas.

Objetivo de la Lección

Al finalizar esta lección, el estudiante podrá:

- reconocer nuevas letras hebreas
- entender el concepto de raíz hebrea
- leer más palabras del Tanak

Nuevas Letras

HEBREO	NOMBRE	LECTURA
ט	Tet	T
י	Yod	Y
כ	Kaf	K
ל	Lamed	L

Explicación de las Letras

Tet — ט

Representa el Sonido T.

Siempre es un sonido T fuerte.

Ejemplo

טוב

Tob

bueno

Yod — י
Representa el Sonido Y (como la "i").
Ejemplo
יד
Yad
mano

Kaf — כ
Representa el Sonido K.
Ejemplo
כל
Kol
todo

Lamed — ל
Representa el Sonido L.
Ejemplo
מלך
Malak
rey

Primera Raíz Hebrea
Raíz::מלך
Consonantes:
מ - ל - כ
Idea básica:
reinar / gobernar
Muchas palabras relacionadas con la realeza provienen de esta raíz.

Palabras Bíblicas

HEBREO	TRANSLITERACIÓN	SIGNIFICADO	STRONG
מלך	Malak	Rey	H4428
יד	Yad	Mano	H3027
כל	Kol	Todo	H3605
טוב	Tob	Bueno	H2896

EJERCICIOS — LECCIÓN 3

0. Práctica de Escritura

ט י כ ל

1. Reconocimiento

ט

י

כ

ל

2. Lectura de las Letras

ט — Tet

י — Yod

כ — Kaf

ל — Lamed

3. Relacionar Letra con Sonido

ט → ___

י → ___

כ → ___

ל → ___

(T, Y, K, L)

4. Desglose de Palabras

מלך

מ

ל

ך

טוב

ט

ו

ב

5. Reconstrucción de Palabras

מלך → מ _ ך

טוב → ט _ ב

יד → ד _

6. Práctica de Lectura

מלך— Malak

יד— Yad

כל — Kol

טוב — Tob

7. Identifica la letra en la palabra

¿Dónde está ט en esta palabra?

טוב

¿Dónde está ל en esta palabra?

מלך

8. Repaso (1–3)

Lea en voz alta:

אב

בן
דוד
היה
מלך
יד
כל
טוב

9. Reconstrucción

Complete:

אב → _ א
בן → _ ב
דוד → ד _ ד
מלך → ך _ מ
טוב → ב _ ט

10. Comprensión

¿Qué significan las palabras?

מלך → ____________________

יד → ____________________

טוב → ____________________

CAMINO DIARIO CON YAHUAH

Un Camino Guiado — Lección 3: Dos Expresiones para Conocer a Yahuah

אני לפניך

Ani lafanakha

Estoy delante de Ti

שמע קולי

Shama qoli

Escucha mi voz

Resumen de la Lección

En esta lección el estudiante aprendió:

- cuatro nuevas letras hebreas
- el concepto de raíz hebrea
- cómo las raíces conectan palabras
- cuatro nuevas palabras del Tanak

LECCIÓN 4 — NUEVAS LETRAS Y PALABRAS

Introducción

En esta lección continuaremos aprendiendo nuevas letras del alfabeto hebreo y nuevas palabras del Tanak.

Objetivo de la Lección

El estudiante podrá:

- reconocer nuevas letras hebreas
- leer palabras comunes del Tanak

Nuevas Letras

HEBREO	NOMBRE
מ	Mem
נ	Nun
ס	Samek
ע	Ayin

Explicación de las Letras

Mem —מ

Representa el Sonido M.

Ejemplo

מים

Mayim

agua

Nun — נ

Representa el Sonido N.

El hebreo usa dos formas:

- נ → forma normal
- ן → forma final

Ejemplos

נתן

Natan

dar

בן

Ban (ben)

Hijo

Esta palabra termina con Nun Sofit (ן)

Samek —**ס**

Representa el Sonido S.

Ejemplo

סוס

Sus

caballo

Ayin —**ע**

Representa un sonido gutural profundo.

En este curso suele funcionar como soporte vocálico.

Ejemplo

עם

Am

pueblo / nación

Palabras Bíblicas

HEBREO	TRANSLITERACIÓN	SIGNIFICADO	STRONG
מים	Mayim	Agua	H4325
עם	Am	Pueblo / nación	H5971
שם	Sham (Shem)	Nombre	H8034
סוס	Sus	Caballo	H5483
נתן	Natan	Dar	H5414
בן	Ban (ben)	Hijo	H1121

Ejemplo Bíblico

עם ישראל

Transliteración:

Am Yasharal

Significado:

El pueblo de Israel

EJERCICIOS — LECCIÓN 4

0. Práctica de Escritura

מ נ ס ע

1. Reconocimiento

מ

נ

ס

ע

2. Lectura de las Letras

מ — Mem

נ — Nun

ס — Samek

ע — Ayin

3. Relacionar Letra con Sonido

מ → ___

נ → ___

ס → ___

ע → ___

(M, N, S, vocal profunda)

4. Desglose de Palabras

מים

מ

י

ם

נתן

נ

ת

ן

בן

ב

ן

סוס

ס

ו

ס

5. Reconstrucción de Palabras

מים → מ _ ם

נתן → נ _ ן

בן → ב _

סוס → ס _ ס

6. Práctica de Lectura

מים — Mayim

עם — Am

שם — Sham

סוס — Sus

נתן — Natan

בן — Ban

7. Identifica la letra en la palabra

¿Dónde está נ en esta palabra?

נתן

¿Dónde está ן en esta palabra?

בן

¿Dónde está ס en esta palabra?

סוס

¿Dónde está ע en esta palabra?

עם

8. Repaso (1–4)

אב

בן

דוד

היה

מלך

יד

כל
מים
עם
שם
סוס
נתן

9. Reconstrucción

אב → א _
בן → ב _
דוד → ד _ ד
מלך → מ _ ך
מים → מ _ ם
סוס → ס _ ס
נתן → נ _ ן

10. Comprensión

מים→ ______
עם → ______
נתן → ______

11. Repetición Oral

מים
עם
בן
סוס
נתן

CAMINO DIARIO CON YAHUAH

Un Camino Guiado — Lección 4: Dos Expresiones para Conocer a Yahuah

אני קרא אליך

Ani qara alakha

Yo clamo a Ti

ענה לי

Anah li

Respóndeme

Resumen de la Lección

El estudiante ahora:

- reconoce 4 nuevas letras
- entiende la diferencia entre (נ) Y (ן)
- identifica letras dentro de palabras
- amplía vocabulario

LECCIÓN 5 — MÁS LETRAS DEL HEBREO BÍBLICO

Introducción

En esta lección continuaremos aprendiendo nuevas letras y palabras importantes del Tanak.

Objetivo de la Lección

El estudiante podrá:

- reconocer nuevas letras
- leer palabras frecuentes

Nuevas Letras

HEBREO	NOMBRE
פ	Pa (pe)
צ	Tsade
ק	Qof
ר	Resh

Explicación de las Letras

Pa (pe) — פ

Representa el Sonido P.

Ejemplo

פרי

Pari

fruto

Tsade — צ

Representa el Sonido TS

Ejemplo

צדיק

Tsadiq

justo

Qof — ק

Representa un sonido K profundo.

Ejemplo

קול

Qol

voz

Resh — ר

Representa el Sonido R.

Ejemplo

ארץ

Arats

tierra

Palabras Bíblicas

HEBREO	TRANSLITERACIÓN	SIGNIFICADO	STRONG
ארץ	Arats	Tierra	H776
צדיק	Tsadiq	Justo	H6662
פרי	Pari	Fruto	H6529
קול	Qol	Voz	H6963

EJERCICIOS — LECCIÓN 5

0. Práctica de Escritura

פ צ ק ר

1. Reconocimiento

פ

צ

ק

ר

2. Lectura de las Letras

פ — Pa

צ — Tsade

ק — Qof

ר — Resh

3. Relacionar Letra con Sonido

פ → ___

צ → ___

ק → ___

ר → ___

(P, TS, K, R)

4. Desglose de Palabras

ארץ

א

ר

ץ

קול

ק

ו

ל

פרי

פ
ר
י

5. Reconstrucción de Palabras

ארץ → א _ ץ
פרי → פ _ י
קול → ק _ ל

6. Práctica de Lectura

ארץ — Arats
צדיק — Tsadiq
פרי — Pari
קול — Qol

7. Identifica la letra en la palabra

¿Dónde está ק en esta palabra?
קול
¿Dónde está צ en esta palabra?
צדיק
¿Dónde está פ en esta palabra?
פרי
¿Dónde está ר en esta palabra?
ארץ

8. Repaso (1–5)

אב
בן
דוד
היה

מלך
יד
כל
מים
עם
שם
ארץ
צדיק
פרי
קול

9. Reconstrucción

אב → _ א
בן → _ ב
מים → ם _ מ
ארץ → ץ _ א
פרי → י _ פ
קול → ל _ ק

10. Comprensión

ארץ → _____
פרי → _____
קול → _____

11. Repetición Oral

ארץ
צדיק
פרי
קול

CAMINO DIARIO CON YAHUAH

Un Camino Guiado — Lección 5: Dos expresiones para conocer a Yahuah

אתה מלכי

Atah malki

Tú eres mi Rey

בך בטחתי

Bakha batahti

En Ti he confiado

Resumen de la Lección

El estudiante ahora:

- reconoce 4 nuevas letras
- identifica letras dentro de palabras
- continúa ampliando su vocabulario del Tanak

LECCIÓN 6 — LETRAS FINALES DEL ALFABETO

Introducción

En esta lección aprenderemos las letras finales del alfabeto hebreo.
Con estas letras completaremos el alfabeto hebreo y comenzaremos a leer nuestras primeras frases cortas del Tanak.

Objetivo de la Lección

Al finalizar esta lección, el estudiante podrá:

- reconocer las letras Shin y Taw
- identificar todas las letras del alfabeto hebreo
- leer una frase bíblica corta

Nuevas Letras

HEBREO	NOMBRE	LECTURA
ש	Shin	Sh
ת	Taw	T

Explicación

Shin — ש

Representa el sonido SH en inglés, no es el sonido ch en español.

Ejemplo

שם

Sham (Shem)

Nombre

Taw — ת

Representa el Sonido T.

Ejemplo

בת

Bat

hija

Alfabeto Completo Aprendido

א ב ג ד ה ו ז ח ט י כ ל מ נ ס ע פ צ ק ר ש ת

Palabras Bíblicas

HEBREO	TRANSLITERACIÓN	SIGNIFICADO	STRONG
שם	Sham (Shem)	Nombre	H8034
בת	Bat	Hija	H1323
ברא	Bara	Creó	H1254
אלהים	Alohiym "Alojiim"	Dios - dioses	H430

Primera Lectura Bíblica

Texto:

בראשית ברא אלהים

Transliteración:

Barashit Bara Alohiym "Alojiim"

Significado:

En el principio creó Alohiym

EJERCICIOS — LECCIÓN 6

0. Práctica de Escritura

ש ת

1. Reconocimiento

ש

ת

2. Lectura de las Letras

ש — Shin

ת — Taw

3. Relacionar Letra con Sonido

ש→ ___

ת → ___

(SH, T)

4. Desglose de Palabras

בת

ב

ת

ברא

ב

ר

א

5. Reconstrucción de Palabras

בת → ב _

ברא → ב _ א

6. Práctica de Lectura

שם — Sham

בת — Bat

ברא — Bara

7. Identifica la letra en la palabra

¿Dónde está ת en esta palabra?

בת

¿Dónde está ש en esta palabra?

שם

8. Lectura de una frase

ברא אלהים

Barashit Bara Alohiym “Alojiim”

En el principio creó Alohiym

9. Repaso (1–6)

אב
בן
דוד
היה
מלך
יד
כל
מים
עם
שם
ארץ
צדיק
פרי
קול
נתן
בת
ברא
אלהים

10. Reconstrucción

ב _ א → ברא
א _ ץ → ארץ
צ _ יק → צדיק
ב _ → בת
א _ → אב

11. Comprensión

בת → _____
ברא → _____

12. Repetición Oral

בת

שם

ברא

אלהים

CAMINO DIARIO CON YAHUAH

Un Camino Guiado — Lección 6: Dos Expresiones para Conocer a Yahuah

עזרני יהוה

Azarani Yahuah

Ayúdame, Yahuah

אל תעזבני

Al taazabani

No me abandones

Resumen de la Lección

El estudiante ahora:

- reconoce las dos últimas letras del alfabeto
- ha completado el alfabeto hebreo
- puede identificar y leer todas las letras dentro de palabras
- puede leer una frase bíblica corta

LECCIÓN 7 — RAÍCES DEL HEBREO BÍBLICO

Introducción

El hebreo bíblico se basa principalmente en raíces de tres consonantes.
Estas raíces contienen la idea central de muchas palabras relacionadas.
Comprender las raíces permite reconocer muchas más palabras del Tanak.

Objetivo de la Lección

El estudiante podrá:

• reconocer raíces hebreas
• identificar palabras relacionadas con la misma raíz

Raíz Hebrea

מלך

Consonantes:

M – L – K

Idea central:

reinar / gobernar

Palabras Relacionadas

HEBREO	TRANSLITERACIÓN	SIGNIFICADO	STRONG
מלך	Malak	Rey	H4428
ממלכה	Mamlakah	Reino	H4467

Otra Raíz Importante

כתב

Idea central:

escribir

Palabras Relacionadas

HEBREO	TRANSLITERACIÓN	SIGNIFICADO	STRONG
כתב	Katab	Escribir	H3789
כתבים	Katabiym	Escritos	H3791

EJERCICIOS — LECCIÓN 7

1. Lectura de Raíces

מלך

כתב

ממלכה

כתבים

2. Reconocimiento de Raíz

מלך

Respuesta:

מלך

3. Reconocimiento de Raíz

כתב

Respuesta:

כתב

4. Desglose de Palabras

כתב

כ

ת

ב

5. Reconstrucción de Palabras

כ _ ב

Respuesta:

כתב

6. Lectura

כתב

Katab

Escribir

7. Lectura Palabras Relacionadas

מלך

Malak — Rey

ממלכה

Mamlakah — Reino

כתב

Katab — Escribir

כתבים

— Katabiym — Escritos

8. Repaso Acumulativo (1–7)

אב

בן

דוד

היה

מלך

יד

כל

מים

עם
שם
ארץ
צדיק
פרי
ברא
אלהים
כתב
ממלכה
כתבים

9. Reconstrucción

מ _ ך
כ _ ב
מ _ ם
א _ ץ

Respuestas:
מלך
כתב
מים
ארץ

10. Comprensión

כתב
Respuesta:
Escribir

11. Repetición Oral

Lea varias veces:

מלך

כתב

ממלכה

כתבים

CAMINO DIARIO CON YAHUAH

Un Camino Guiado — Lección 7: Dos Expresiones para Conocer a Yahuah

הדריכני בדרכך

Hadrikani badarakha

Guíame en Tu camino

הראני דרכך

Harani darakha

Muéstrame Tu camino

Resumen de la Lección

En esta lección el estudiante aprendió que:

- el hebreo bíblico utiliza raíces de tres consonantes
- muchas palabras provienen de una misma raíz

LECCIÓN 8 — PREFIJOS EN EL HEBREO BÍBLICO

Introducción

El hebreo bíblico utiliza prefijos para añadir significado a las palabras. Estos prefijos aparecen constantemente en el Tanak.

Objetivo de la Lección

El estudiante podrá:

- reconocer prefijos comunes
- entender cómo cambian el significado

Prefijos Principales

HEBREO	TRANSLITERACIÓN	SIGNIFICADO
ו	Wa	Y
ב	Ba	en
ל	La	a / para

Ejemplos

HEBREO	TRANSLITERACIÓN	SIGNIFICADO
ומלך	WaMalak	y rey
בארץ	BaArats	en la tierra
למלך	LaMalak	al rey

Ejemplo del Tanak

ובראשית

Transliteración:

WaBarashit

Y en el principio

EJERCICIOS — LECCIÓN 8

1. Reconocimiento

ו

ב

ל

2. Lectura

ו = Wa

ב = Ba

ל = La

3. Desglose

ומלך

ו

מלך

4. Reconstrucción de Palabras

ו _ _ ך

ומלך

5. Lectura de palabras con prefijos

ומלך

WaMalak — y rey

בארץ

BaArats — en la tierra

למלך

LaMalak — al rey

6. Lectura de una frase

ובראשית

WaBarashit

Y en el principio

7. Repaso (1–8)

אב

בן

דוד

היה

מלך

יד

כל

מים

עם

שם

ארץ

צדיק

פרי

ברא

אלהים

כתב

ומלך

בארץ

למלך

ובראשית

8. Reconstrucción

ו _ לך

ב _ רץ

ל _ לך

Respuestas:
ומלך
בארץ
למלך

9. Comprensión
ומלך
Respuesta:
y rey

10. Repetición Oral
ומלך
בארץ
למלך

CAMINO DIARIO CON YAHUAH

Un Camino Guiado — Lección 8: Dos Expresiones para Conocer a Yahuah

למדני אמתך
Lamadani amatakha
Enséñame Tu verdad

פתח עיני
Patah aynay
Abre mis ojos

Resumen de la Lección
En esta lección el estudiante aprendió que:
• el hebreo bíblico utiliza prefijos simples
• estos aparecen frecuentemente en el Tanak

LECCIÓN 9 — EL ARTÍCULO DEFINIDO

Introducción

El hebreo bíblico tiene un artículo definido equivalente a “el / la”.
Este aparece al inicio de la palabra.

Objetivo de la Lección

Al finalizar esta lección el estudiante podrá:

- reconocer el artículo definido
- leer palabras con artículo

El Artículo Definido

HEBREO	TRANSLITERACIÓN	SIGNIFICADO
ה	Ja	el / la

Ejemplos

HEBREO	TRANSLITERACIÓN	SIGNIFICADO
הארץ	JaArats	la tierra
המלך	HaMalak	el rey

Nueva Palabra

HEBREO	TRANSLITERACIÓN	SIGNIFICADO	STRONG
איש	Ish	hombre	H376

Ejemplo

האיש

JaIsh

el hombre

EJERCICIOS — LECCIÓN 9

1. Reconocimiento

ה

2. Lectura

הארץ

JaArats — la tierra

המלך

JaMalak — el rey

האיש

JaIsh — el hombre

3. Desglose

הארץ

ה

ארץ

4. Reconstrucción

ה _ _ ץ

Respuesta:

הארץ

5. Lectura

איש

Ish — hombre

6. Lectura de la Frase

האיש

JaIsh

el hombre

7. Repaso (1–9)

אב
בן
דוד
היה
מלך
יד
כל
מים
עם
שם
ארץ
צדיק
פרי
ברא
אלהים
כתב
ומלך
בארץ
למלך
הארץ
המלך
האיש

8. Reconstrucción

ה _ רץ
ה _ לך
ה _ יש

Respuestas:

הארץ
המלך
האיש

9. Comprensión

הארץ

Respuesta:

la tierra

10. Repetición Oral

הארץ

המלך

האיש

CAMINO DIARIO CON YAHUAH

Un Camino Guiado — Lección 9: Dos Expresiones para Conocer a Yahuah

בטחתי בך

Batajti bakja

Confío en Ti

אתה מחסי

Atah majsi

Tú eres mi refugio

Resumen de la Lección

El estudiante aprendió:

- el artículo definido Ha
- cómo se une a los sustantivos

LECCIÓN 10 — LETRAS FINALES (SOFIT)

Introducción

En hebreo, algunas letras cambian su forma cuando aparecen al final de una palabra.
Estas formas se llaman Sofit (formas finales).

Objetivo de la Lección

Al finalizar esta lección, el estudiante podrá:
• reconocer las letras finales
• identificar palabras que las utilizan

Letras Finales (Sofit)

FORMA NORMAL	FORMA FINAL	
כ	ך	Kaf
מ	ם	Mem
נ	ן	Nun
פ	ף	Pa
צ	ץ	Tsade

Ejemplos

HEBREO	TRANSLITERACIÓN	SIGNIFICADO
מים	Mayim	agua
מלך	Malak	rey
בן	Ban	hijo
אלף	Alaf	mil
ארץ	Arats	tierra / tierra (territorio)

EJERCICIOS — LECCIÓN 10

0. Práctica de Escritura

ך ם ן ף ץ

1. Reconocimiento de Letras Finales

Identifique las siguientes letras finales:

ך
ם
ן
ף
ץ

2. Relación entre Forma Normal y Final

Relacione cada letra con su forma final:

כ → ך
מ → ם
נ → ן
פ → ף
צ → ץ

3. Identificar la Letra Final en Palabras

Observe las palabras e identifique la letra final:

מים
מלך
בן
אלף
ארץ

4. Desglose de Palabras

Separe las letras de cada palabra:

מים

מ

י

ם

מלך

מ

ל

ך

בן

ב

ן

5. Reconstrucción de Palabras

Complete las palabras:

מ _ ם

מ _ ך

_ ב

א _ ף

א _ ץ

Respuestas:

מים

מלך

בן

אלף

ארץ

6. Lectura de Palabras con Letras al FInal

מים

Mayim

Agua

מלך

Malak

Rey

בן

Ban (Ben)

Hijo

אלף

Alaf

Mil

ארץ

Arats

Tierra / Suelo

7. Repaso (1–10)

Lea en voz alta:

אב

בן

דוד

היה

מלך

יד

כל

מים

עם

שם

ארץ

צדיק

פרי

ברא

אלהים

כתב

ומלך
בארץ
למלך
הארץ
המלך
האיש
אלף

8. Comprensión

¿Qué letra final aparece en la palabra:

מים

Respuesta:

ם

מלך

Respuesta:

ך

9. Repetición Oral

Lea varias veces:

מים
מלך
בן
אלף
ארץ

CAMINO DIARIO CON YAHUAH

Un Camino Guiado — Lección 10: Dos Expresiones para Conocer a Yahuah

אתה עמי

Atah ami

Tú estás conmigo

אני לא אירא

Ani lo ira

No temeré

Resumen de la Lección

El estudiante aprendió:

- las cinco letras finales (Sofit)
- que estas formas aparecen únicamente al final de una palabra

Fin del Nivel 1

YADA YAHUAH

HEBREO BÍBLICO

Descubre el Hebreo de las Escrituras para conocer a Yahuah

— ידע יהוה—

Nivel 2

FUNDAMENTOS DEL HEBREO BÍBLICO

Después de completar el Nivel 1 de este curso, el estudiante ha aprendido las bases esenciales necesarias para comenzar a leer hebreo bíblico.

En estas primeras lecciones el estudiante estudió:

- las 22 letras del alfabeto hebreo
- las formas finales (Sofit)
- palabras fundamentales del Tanak
- raíces básicas del hebreo
- los primeros elementos de lectura

Gracias a este conocimiento, el estudiante ahora puede reconocer las letras del hebreo bíblico y leer palabras que aparecen en el texto de las Escrituras.

Este es un paso importante en el proceso de aprendizaje del idioma.

El siguiente nivel del curso introduce nuevos elementos que ayudarán al estudiante a comprender mejor cómo funcionan las palabras dentro de las oraciones del Tanak.

NIVEL 2

Estructura del Hebreo Bíblico

En el Nivel 2, el estudiante comenzará a estudiar varios elementos importantes que aparecen constantemente en el texto de las Escrituras.

Estos incluyen:

- prefijos en el hebreo bíblico
- el artículo definido
- formas plurales
- el estado constructo
- pronombres personales
- verbos fundamentales
- el orden de las frases en hebreo

Estos elementos facilitarán el reconocimiento de muchas estructuras gramaticales que aparecen en el Tanak.

A medida que el estudiante avance en estas lecciones, comenzará a leer frases completas y a comprender mejor cómo se construyen las expresiones en hebreo bíblico.

Este nivel prepara al estudiante para el siguiente paso del curso:

la lectura directa del Tanak.

De esta manera, el estudio del idioma continúa acercando al estudiante al propósito expresado en el nombre de este curso:

:

ידע יהוה

Yada Yahuah

Conocer a Yahuah

YADA YAHUAH

HEBREO BÍBLICO

Descubre el hebreo de las Escrituras para conocer a Yahuah

— ידע יהוה —

Nivel 2

INTRODUCCIÓN

En el Nivel 1 de este curso, el estudiante aprendió las bases esenciales necesarias para comenzar a reconocer el hebreo bíblico.
A lo largo de las primeras lecciones, el estudiante estudió las letras del alfabeto hebreo, las formas finales (Sofit) y varias palabras que aparecen frecuentemente en el texto del Tanak.

Después de completar ese nivel, el estudiante ahora es capaz de:
• identificar las letras del alfabeto hebreo
• leer palabras básicas en hebreo
• reconocer estructuras simples que aparecen en las Escrituras
En el Nivel 2 comenzaremos a estudiar cómo funciona el hebreo bíblico dentro de frases y oraciones que aparecen en el texto de las Escrituras.
En estas lecciones el estudiante aprenderá varios elementos importantes que aparecen constantemente en el Tanak, incluyendo:
• raíces hebreas
• prefijos comunes
• el artículo definido
• formas plurales
• el estado constructo
• pronombres
• verbos fundamentales
• el orden de las palabras en las oraciones del hebreo bíblico

Estos elementos ayudarán al estudiante a comprender cómo se forman las expresiones y frases dentro del idioma.
A medida que el estudiante avance en estas lecciones, comenzará a reconocer muchas palabras y estructuras gramaticales que aparecen a lo largo del texto hebreo de las Escrituras.

El objetivo de este nivel es preparar al estudiante para el siguiente paso: la lectura de frases y versículos del Tanak directamente en hebreo. De esta manera, el estudio del idioma continúa avanzando hacia el propósito expresado en el nombre de este curso:

ידע יהוה
Yada Yahuah
Conocer a Yahuah

LECCIÓN 11 — REPASO DE LAS LECCIONES 1–10

Introducción

En las primeras diez lecciones aprendimos las bases del hebreo bíblico:

- las 22 letras del alfabeto hebreo
- palabras básicas del Tanak
- el sistema de raíces hebreas
- prefijos comunes
- el artículo definido
- las letras finales (Sofit)

En esta lección repasaremos estos elementos para fortalecer la capacidad de lectura antes de continuar con nuevas estructuras del idioma.

Objetivo de la Lección

Al finalizar esta lección, el estudiante podrá:

- reconocer todas las letras del alfabeto hebreo
- leer palabras básicas del Tanak
- identificar prefijos y artículos
- reconocer letras finales

Repaso del Alfabeto

א ב ג ד ה ו ז ח ט י כ ל מ נ ס ע פ צ ק ר ש ת

Palabras Aprendidas

HEBREO	TRANSLITERACIÓN	SIGNIFICADO
אב	Ab	Padre
בן	Ban	Hijo
דוד	Dawid	David
היה	Hayah	Ser
מלך	Malak	Rey
יד	Yad	Mano
כל	Kol	Todo
מים	Mayim	Agua
עם	Am	Pueblo
שם	Sham	Nombre
ארץ	Arats	Tierra
צדיק	Tsadiq	Justo
פרי	Pari	Fruto
קול	Qol	Voz
נתן	Natan	Dar
בת	Bat	Hija
ברא	Bara	Creó
אלהים	Alohiym "Alojiim"	Dios / dioses

EJERCICIOS — LECCIÓN 11

1. Reconocimiento de Letras

Identifique:

א

מ

ר

ש

ת

נ

2. Repaso Completo del Alfabeto

Lea en voz alta:

א ב ג ד ה ו ז ח ט י כ ל מ נ ס ע פ צ ק ר ש ת

3. Práctica de Lectura

Lea las palabras:

אב

בן

דוד

מלך

מים

ארץ

שם

יד

פרי

קול

נתן

בת

4. Desglose de Palabras

Separa:

מלך

מ

ל

ך

נתן

נ

ת

ן

ארץ

א

ר

ץ

5. Reconstrucción de Palabras

Completa:

מ _ ך → מלך

מ _ ם → מים

א _ ץ → ארץ

נ _ ן → נתן

ב _ → בת

6. Reconocimiento

Observe las palabras:

ומלך → _____

בארץ → _____

למלך → _____

Respuestas:

ו = Y

ב = en

ל = a / para

7. Reconocimiento

Observe las palabras:

הארץ → _____

המלך → _____

האיש → _____

Respuesta:

ה = El / Lo / La (Articulo)

8. Letras Finales (Reconocimiento Sofit)

Identifique las letras finales:

מים → ם

מלך → ך

בן → ן

ארץ → ץ

9. Lectura Acumulativa

Lea en voz alta:

אב

בן

דוד

היה

מלך

יד

כל

מים

עם

שם

ארץ

צדיק

פרי

קול

נתן
בת
ברא
אלהים

10. Lectura Mixta

Lea:

ומלך
בארץ
למלך
ברא אלהים

11. Comprensión

¿Qué significan las palabras?

מלך → _____
מים → _____
נתן → _____
→ בת _____

12. Repetición Oral

Lea varias veces:

מלך
מים
ארץ
נתן
ברא

CAMINO DIARIO CON YAHUAH

Un Camino Guiado — Lección 11: Dos Expresiones para Conocer a Yahuah

אני חלש

Ani jalash

Estoy / Soy Debil

חזקני

Jazakani

Fortaléceme

Resumen de la Lección

Esta lección repasó:

• el alfabeto hebreo completo
• vocabulario clave de las lecciones 1–10
• prefijos y el artículo
• letras finales (Sofit)
• fluidez de lectura con palabras bíblicas reales

LECCIÓN 12 — EL PLURAL EN EL HEBREO BÍBLICO

Introducción

El hebreo bíblico tiene formas específicas para expresar más de uno.
Una de las terminaciones plurales más comunes es:

ים

Transliteración utilizada en este curso:
-iym

Objetivo de la Lección

Al finalizar esta lección, el estudiante podrá:

- reconocer el plural masculino
- formar palabras en plural
- identificar patrones comunes de plural

Cómo Formar el Plural

Idea básica:
Agregar -iym (**ים**) a la palabra

Ejemplo Paso a Paso

Singular:
מלך
Malak
rey
Agregar terminación:

מלך + **ים**
Resultado:
מלכים
Malakiym
reyes

Ejemplos

SINGULAR	PLURAL	SIGNIFICADO
יום (Yom)	ימים (Yamiym)	día → días
מלך (Malak)	מלכים (Malakiym)	rey → reyes
בן (Ban)	בנים (Baniym)	hijo → hijos

Observación Importante

La palabra puede cambiar ligeramente al formar el plural.

Esto es normal en hebreo.

Ejemplos Adicionales

SINGULAR	PLURAL	SIGNIFICADO
דבר (Dabar)	דברים (Dabariym)	palabra → palabras
עם (Am)	עמים (Amiym)	pueblo → pueblos

Casos Especiales

Algunas palabras:

parecen plurales

pero no funcionan como plurales regulares

מים

Mayim

agua

✓ tiene forma plural

✓ se usa como concepto singular

✓ no forma otro plural

שמים

Shamayim

cielos

✓ siempre aparece en forma plural

פנים

Paniym

rostro

✓ forma plural

✓ se usa frecuentemente como singular

אלהים

Alohiym

✓ forma plural

✓ puede ser singular o plural según el contexto

EJERCICIOS — LECCIÓN 12

1. Formar el Plural

Escriba el plural:

מלך → _____

בן → _____

יום → _____

2. Desglose de Palabras

ימים

Separe las letras:

י

מ

י

ם

3. Reconstrucción de Palabras

completa:

מ _ כ י ם → מלכים

ב _ י ם → בנים

4. Práctica de Lectura

Lea:

מלכים — Malakiym

בנים — Baniym

ימים — Yamiym

5. Identifica la Terminacion

¿Cuál es la terminación plural en:

מלכים → _____

בנים → _____

Respuesta:

ים (-iym)

6. Singular vs Plural

Relacione:

מלך → _____

מלכים → _____

בן → _____

בנים → _____

7. Lectura Acumulativa

Lea en voz alta:

בן

בנים

מלך

מלכים

יום

ימים

עם

עמים

8. Caso Especial: Reconocimiento

¿Cuáles palabras parecen plurales?

מים

שמים

פנים

אלהים

9. Comprensión

¿Qué significan las palabras?

בנים → _____

מלכים → _____

CAMINO DIARIO CON YAHUAH

Un Camino Guiado — Lección 12: Dos Expresiones para Conocer a Yahuah

אני בצרה

Ani batsarah

Estoy en angustia

נחמני

Nahamani

Consuélame

Resumen de la Lección

El estudiante aprendió:

- la terminación plural masculina -iym (**ים**)
- cómo formar palabras en plural
- que algunas palabras cambian ligeramente
- que algunas palabras tienen forma plural pero significado especial

LECCIÓN 13 — EL ESTADO CONSTRUCTO

Introducción

El hebreo bíblico utiliza una estructura especial para conectar dos palabras.

Esta estructura se llama estado constructo.

Expresa una relación similar a "de" en español.

Objetivo de la Lección

Al finalizar esta lección, el estudiante podrá:

- reconocer el estado constructo
- entender cómo expresar "de" en hebreo
- construir frases simples en estado constructo

Como el Hebreo expresa "de"

En español:

"Rey de Israel"

En hebreo:

מלך ישראל

No existe una palabra para "de"

Regla

El hebreo coloca dos palabras juntas:

Palabra 1 + Palabra 2

Estructura

POSICIÓN	FUNCIÓN
Primera palabra	cosa descripta
Segunda palabra	poseedor / descripción

Ejemplo Paso a Paso

Español:

Rey de Israel

Paso 1 — Reconocimiento de palabras

Rey → מלך

Yasharal → ישראל

Paso 2 — Eliminar "de"

Paso 3 — Combinar

מלך ישראל

Malak Yasharal

Rey de Israel

Ejemplos

HEBREO	TRANSLITERACIÓN	SIGNIFICADO
מלך ישראל	Malak Yasharal	Rey de Israel
בן האיש	Ban HaIsh	Hijo del hom-bre
שם המלך	Sham HaMalak	Nombre del rey

Nota Importante

El hebreo no escribe "de"

La conexión se muestra mediante:

- el orden de las palabras
- la colocación directa

Cómo Construirlo

Ejemplo:

מלך (Rey)

הארץ (la tierra)

Combinar:

מלך הארץ

Rey de la tierra

EJERCICIOS — LECCIÓN 13

1. Reconstruye la Frase

מלך ישראל

2. Comprensión

¿Qué significa?

מלך ישראל → _____

3. Identifica el Orden

בן האיש

Primera palabra: _____

Segunda palabra: _____

4. Construir la Frase

Escriba en hebreo:

Rey de la tierra

Palabras:

מלך

הארץ

Respuesta:

---

5. Construir Otra Frase

Hijo del rey

Palabras:

בן

המלך

Respuesta:

---

6. Separación de Palabras

Separe:

מלך ישראל

→ ______

→ ______

7. Reconstrucción de Frase

Completa:

מ_ך י_ר_ל

Respuesta:

מלך ישראל

8. Lectura Adicional

שם המלך

Sham HaMalak

Nombre del rey

9. Lectura Acumulativa

Lea en voz alta:

מלך ישראל

בן האיש

שם המלך

מלך הארץ

10. Transformación

Cambie a hebreo:

"hijo del hombre"

Palabras:

בן

האיש

Respuesta:

Nota

En hebreo bíblico, otra palabra para "hombre" es:

אדם (Adam)
Aprenderá esta palabra en una lección posterior.

CAMINO DIARIO CON YAHUAH

Un Camino Guiado — Lección 13: Dos Expresiones para Conocer a Yahuah

שמע תחנתי
Shama tahanati
Escucha mi súplica

רחם עלי
Raham alay
Ten misericordia de mí

Resumen de la Lección

El estudiante aprendió:

- que el hebreo no utiliza una palabra para "de"
- que "de" se expresa colocando dos palabras juntas
- cómo construir frases simples en estado constructo
- cómo el orden de las palabras crea significado

- how word order creates Significado

LECCIÓN 14 — PRONOMBRES PERSONALES

Introducción

Los pronombres indican quién realiza la acción en una oración.
Los pronombres personales aparecen frecuentemente en el hebreo bíblico, especialmente al identificar el sujeto de una declaración.

Objetivo de la Lección

Al finalizar esta lección, el estudiante podrá:

- reconocer pronombres personales básicos en hebreo bíblico

Pronouns (Pronombres Personales)

El hebreo bíblico distingue entre:

- singular y plural
- masculino y femenino

Pronombres Singulares

HEBREO	TRANSLITERACIÓN	SIGNIFICADO
אני	Ani	Yo
אתה	Atah	Tú (masculino singu-lar)
את	At	Tú (femenino singular)
הוא	Hu	Él
היא	Hi	Ella

Pronombres Plurales

HEBREO	TRANSLITERACIÓN	SIGNIFICADO
אנחנו	Anachnu	Nosotros
אתם	Atam (atem)	Ustedes (masculino)
אתן	Atan (aten)	Ustedes (femenino)
הם	Ham (hem)	Ellos
הן	Han (hen)	Ellas

Notas Importantes

• El hebreo distingue entre formas masculinas y femeninas
• También distingue entre singular y plural en "tú"
• En español, "tú/usted/ustedes" puede variar, pero en hebreo cada forma es distinta

Ejemplos Simples

אני
Ani
Yo

אתה מלך
Atah Malak
Tú eres rey

הם מלכים
Ham Malakiym
Ellos son reyes

EJERCICIOS — LECCIÓN 14

1. Lectura

אני

Ani

Yo

2. Lectura

הוא

Hu

Él

3. Lectura Adicional

אתה

Atah

Tú

4. Desglose de Palabras

אני

א

נ

י

5. Reconstrucción de Palabras

א _ י

Respuesta:

אני

6. Repaso

Lea en voz alta:

אני

אתה

הוא

היא

7. Comprensión

¿Qué significa esta palabra?

הוא

Respuesta:

Él

CAMINO DIARIO CON YAHUAH

Un Camino Guiado — Lección 14: Dos Expresiones para Conocer a Yahuah

חטאתי לך

Hatati lakha

He pecado contra Ti

סלח לי

Salah li

Perdóname

Resumen de la Lección

El estudiante aprendió los pronombres personales básicos en hebreo bíblico.

LECCIÓN 15 — PRONOMBRES POSESIVOS

Introducción

En el hebreo bíblico, la posesión se expresa frecuentemente añadiendo un sufijo al final de una palabra.
Estos sufijos indican relaciones como:
mi, tu, su, nuestro, su (plural)

Objetivo de la Lección

El estudiante podrá:

- reconocer sufijos posesivos
- entender cómo se añaden a las palabras
- leer formas posesivas básicas en el Tanak

Ejemplo Sencillo o Basico

HEBREO	TRANSLITERACIÓN	SIGNIFICADO
אב	Ab	Padre

Formas Posesivas (Palabra Modelo: אב)

HEBREO	TRANSLITERACIÓN	SIGNIFICADO
אבי	Abi	mi padre
אביך	Abikha	tu padre (masculino)
אביו	Abiyu	su padre (de él)
אביה	Abiha	su padre (de ella)
אבינו	Abinu	nuestro padre
אביכם	Abikham	su padre (plural masculino)
אביכן	Abikhan	su padre (plural femenino)
אביהם	Abiham	su padre (de ellos)
אביהן	Abihan	su padre (de ellas)

Qué Observar

La palabra base permanece visible:

אב → אבי

אב → אביו

El significado cambia mediante el sufijo

La palabra no se reemplaza

Aplicación a Otras Palabras

Los mismos sufijos pueden añadirse a muchas palabras hebreas

Ejemplo 1 — מלך (Malak — Rey)

HEBREO	TRANSLITERACIÓN	SIGNIFICADO
מלכי	Malki	mi rey
מלכך	Malkha	tu rey
מלכו	Malko	su rey
מלכה	Malkah	su rey (de ella)
מלכנו	Malkanu	nuestro rey
מלכיהם	Malkiham	su rey (de ellos)

Ejemplo 2 — ארץ (Arats — tierra)

HEBREO	TRANSLITERACIÓN	SIGNIFICADO
ארצי	Artsi	mi tierra
ארצך	Artskha	tu tierra
ארצו	Artso	su tierra
ארצה	Artsah	su tierra (de ella)
ארצנו	Artsanu	nuestra tierra
ארצם	Artsam	su tierra (de ellos)

Ejemplo 3 — שם (Sham — nombre)

HEBREO	TRANSLITERACIÓN	SIGNIFICADO
שמי	Shami	mi nombre
שמך	Shamkha	tu nombre
שמו	Shamo	su nombre
שמה	Shamah	su nombre (de ella)
שמנו	Shamanu	nuestro nombre
שמם	Shamam	su nombre (de ellos)

Observación Importantes

- El sufijo se añade directamente a la palabra
- La palabra puede cambiar ligeramente en pronunciación
- La raíz permanece reconocible

Idea Clave

El hebreo no utiliza palabras separadas como “mi” o “tu”
En cambio, añade el significado directamente a la palabra

Sufijos Comunes

HEBREO	TRANSLITERACIÓN	SIGNIFICADO
שמי	-i	mi
שמך	-kha / -akh	tu
שמו	-o / -yu	su (de él)
שמה	-ha	su (de ella)
שמנו	-nu	nuestro
שמם	-ham / -han	su (de ellos / el-las)

Práctica
Lea:
מלכי
Malki
mi rey

ארצנו
Artsanu
nuestra tierra

שמו
Shamo
su nombre

אביהם
Abiham
su padre (de ellos)

EJERCICIOS — LECCIÓN 15

1. Lectura
Lea:
אבי
Abi
Mi padre

אביו
Abiyu
Su padre

אבינו
Abinu
Nuestro padre

2. Comparación

Observe:

אב
Ab
Padre

אבי
Abi
Mi padre

אביו
Abiyu
Su padre
¿Qué cambió?

3. Desglose de Palabras

אבי
א
ב
י

4. Reconstrucción de Palabras

א _ י
Respuesta:
אבי

5. Identificación de Sufijos

אבי

Sufijo: ______

Significado: ______

אביו

Sufijo: ______

Significado: ______

אבינו

Sufijo: ______

Significado: ______

6. Aplicación

Complete:

מלכי

________ Rey

שמו

su ______

ארצנו

nuestra ______

7. mini oracion o frase

מלכי טוב

Malki Tob

Mi rey es bueno

8. Lectura Acumulativa

Lea en voz alta:

אב

אבי
אביו
אבינו
בן
בנים

9. Comprensión

¿Qué significa?

אביו

Respuesta:

Ejemplo Importante — Yahuah Alohiym

En el hebreo bíblico, los sufijos posesivos se añaden a sustantivos, no a nombres propios.
Por esta razón, el Nombre:

יהוה
Yahuah
no recibe sufijos posesivos

Uso Correcto

Para expresar posesión, el sufijo se añade a **אלהים** (Alohiym), no a **יהוה** .

Ejemplos

HEBREO	TRANSLITERACIÓN	SIGNIFICADO
יהוה אלהי	Yahuah Alohay	Yahuah mi Alohiym
יהוה אלהינו	Yahuah Alohaynu	Yahuah nuestro Alohiym

Qué Observar

- **יהוה** no cambia
- el sufijo se añade a o **אלהים**
- el significado cambia por el sufijo

Regla Importante

❌ No decir:

- Yahuahi
- Yahuahnu

✓ Decir:

- Yahuah Alohay
- Yahuah Alohaynu

Idea Clave

El hebreo añade la posesión al sustantivo, no al nombre propio

10. Aplicación — Yahuah Alohiym

completa:

יהוה אלהי

Transliteración: ________________

Significado: ________________

יהוה אלהינו

Transliteración: ________________

Significado: ________________

11. Reflexión

¿Qué cambió en estas frases?

CAMINO DIARIO CON YAHUAH

Un Camino Guiado — Lección 15: Dos Expresiones para Conocer a Yahuah

טהר לבי

Tahar libi

Limpia mi corazón

חדש רוחי

Hadash ruhi

Renueva mi espíritu

Resumen de la Lección

El estudiante aprendió:

- que la posesión se añade al final de la palabra
- que los sufijos indican relaciones como mi, su, nuestro
- cómo reconocer estos sufijos
- cómo aparecen dentro de frases simples

LECCIÓN 16 — UN VERBO FUNDAMENTAL DEL HEBREO BÍBLICO

Introducción

Los verbos son esenciales para comprender las acciones dentro del texto bíblico. En esta lección estudiaremos uno de los verbos más importantes del hebreo bíblico:

היה (Hayah)

Objetivo de la Lección

Al finalizar esta lección, el estudiante podrá:

- reconocer el verbo Hayah
- entender cómo aparecen los verbos en el Tanak
- identificar el verbo en diferentes formas

HEBREO	TRANSLITERACIÓN	SIGNIFICADO	STRONG
היה	Hayah	Ser / existir	H1961

Observación Importante

El hebreo bíblico muchas veces no utiliza un verbo para "soy / es / son" en oraciones simples.

Ejemplo Bíblico

והיה

Ani Malak

Yo soy rey

(No se escribe el verbo "ser o estar")

Expresion Biblica Importante

אהיה אשר אהיה

Ahyah Ashar Ahyah

Yo soy el que soy

Explicación

Esta expresión proviene de la raíz:

היה (Hayah)

Pero aquí aparece como:

אהיה (Ahyah)

Esto muestra:

✓ la misma raíz
✓ en una forma diferente
✓ con la idea de existencia

Nota

No intente memorizar todas las formas

En cambio:

• reconozca la raíz
• reconozca el significado
• entienda el contexto

Ejemplos en Contexto

הוא היה

Hu Hayah

Él fue

והיה

WaHayah

y fue / y será

EJERCICIOS — LECCIÓN 16

1. Lectura del Verbo

היה

Hayah

2. Lectura con Prefijo

והיה

WaHayah

3. Desglose

היה

ה

י

ה

4. Reconstrucción

completa:

ה _ ה

Respuesta:

היה

5. Reconocimiento

¿Cuál palabra proviene de la raíz **היה**?

אהיה

מלך

בן

Respuesta:

אהיה

6. Lectura de Expresiones

Lea:

והיה

אהיה אשר אהיה

7. Repaso

Lea en voz alta:

היה

והיה

ברא

אמר

8. Comprensión

¿Qué significa la raíz?

היה → ______

CAMINO DIARIO CON YAHUAH

Un Camino Guiado — Lección 16: Dos Expresiones para Conocer a Yahuah

אני חפץ לדעת יהוה

Ani hafats ladaat Yahuah

Deseo conocer a Yahuah

קרבני אליך

Qarabani alakha

Acércame a Ti

Resumen de la Lección

El estudiante aprendió:

- la raíz **היה** (Hayah)
- que los verbos aparecen en diferentes formas en el Tanak
- que el hebreo no siempre usa "ser" en presente
- cómo reconocer el verbo en contexto

LECCIÓN 17 — ORDEN DE LAS PALABRAS EN EL HEBREO BÍBLICO

Introducción

El hebreo bíblico a menudo utiliza un orden de palabras diferente al español.

Una estructura muy común es:

Verbo → Sujeto → Objeto

Sin embargo:

esta no es la única estructura utilizada en hebreo.

Objetivo de la Lección

El estudiante podrá:

- reconocer el orden común de palabras en hebreo
- entender cómo se forma el significado en una oración
- reorganizar frases hebreas al español
- reconocer que el orden puede cambiar para dar énfasis

Ejemplo Bíblico

Texto:

ברא אלהים

Transliteración:

Bara Alohiym

Significado:

Alohiym creó

Explicación

PARTE	SIGNIFICADO
ברא	creó (verbo)
אלהים	Alohiym (suje-to)

El verbo aparece primero, seguido por el sujeto

Principio Clave
El hebreo bíblico a menudo comienza con la acción (verbo)
El español normalmente comienza con el sujeto

Matiz Importante
El hebreo no sigue siempre un orden fijo

Dos patrones comunes:
1. Verbo → Sujeto
Enfocado en la acción
ברא אלהים
Bara Alohiym
Alohiym creó

2. Sujeto → Verbo
Enfocado en el sujeto
יהוה יברכך
Yahuah Yabarakha
Yahuah te bendecirá
Yahuah te bendice
Yahuah te bendiga

Qué Cambia
El énfasis

ORDEN	ENFOQUE
Verbo primero	Acción
Sujeto pri-mero	Sujeto

Cómo Trabajar el Orden

Paso 1 — Encontrar el verbo
¿Qué está ocurriendo?

Paso 2 — Encontrar el sujeto
¿Quién lo hace?

Paso 3 — Reordenar al español
Colocar el sujeto primero

Ejemplos Adicionales

HEBREO	TRANSLITERACIÓN	SIGNIFICADO
אמר משה	Amar Mosheh	Mosheh dijo
שמע ישראל	Shama Yasharal	Israel oyó / Escucha, Israel
יהוה יברכך	Yahuah Yabarakha	Yahuah te bendecirá

EJERCICIOS — LECCIÓN 17

1. Lectura
ברא אלהים

2. Identificar Partes
→ ברא _____
→ אלהים _____

3. Reordenar
ברא אלהים
Respuesta:

4. Práctica Guiada

Texto:

אמר משה

Paso 1 — Verbo: _____

Paso 2 — Sujeto: _____

Paso 3 — Español: _____ _____

5. Comparación

ברא אלהים

יהוה יברכך

¿Cuál comienza con el verbo?

¿Cuál comienza con el sujeto?

6. Construir Significado

שמע ישראל

Respuesta:

7. Orden Hebreo

"Alohiym creó"

Palabras:

אלהים

ברא

Respuesta:

8. Pensamiento Inverso

Dado:

Yahuah te bendecirá

Escriba en orden hebreo:

9. Lectura Acumulativa

Lea en voz alta:

ברא אלהים

אמר משה

שמע ישראל

יהוה יברכך

10. Comprensión

¿Qué significa?

אמר משה

Respuesta:

CAMINO DIARIO CON YAHUAH

Un Camino Guiado — Lección 17: Dos Expresiones para Conocer a Yahuah

הראני ארחך

Harani orhakha

Muéstrame Tu camino

שמרני בדרכך

Shamarani badarakha

Guárdame en Tu camino

Resumen de la Lección

El estudiante aprendió:

- el orden común del hebreo (Verbo → Sujeto)
- que el orden es flexible
- que el orden cambia el énfasis
- cómo identificar y reorganizar oraciones

LECCIÓN 18 — LECTURA DE LOS PRIMEROS VERSÍCULOS DEL TANAK

Introducción

En esta lección leeremos uno de los versículos más conocidos de las Escrituras: Génesis 1:1

Y comenzaremos a leer la siguiente parte del texto.

Objetivo de la Lección

El estudiante podrá:

- leer un versículo completo del Tanak
- reconocer palabras conocidas en contexto
- comenzar a leer más allá de un solo versículo
- aplicar estructuras aprendidas

First Verse

Texto Hebreo

בראשית ברא אלהים את השמים ואת הארץ

Transliteración

Barashit Bara Alohiym at HaShamayim WaAt HaArats

Significado

En el principio Alohiym creó los cielos y la tierra

Desglose de Palabras

HEBREO	TRANSLITERACIÓN	SIGNIFICADO
בראשית	Barashit	En el princip-io
ברא	Bara	Creó
אלהים	Alohiym	Alohiym
השמים	HaShamayim	Los cielos
הארץ	HaArats	La tierra

Nueva Lectura

Texto Hebreo

והארץ היתה תהו ובהו

Transliteración

WaHaArats Hayatah Tohu WaBohu

Significado

Y la tierra estaba desordenada y vacía

Palabras Nuevas

HEBREO	TRANSLITERACIÓN	SIGNIFICADO
היתה	Hayatah	Estaba
תהו	Tohu	Desordenado
ובהו	WaBohu	y vacío

Lo que el Estudiante Debe Notar

והארץ (WaHaArats)

✓ prefijo **ו** (y)

✓ artículo **ה** (la)

היתה (Hayatah)

✓ proviene de la raíz **היה** (Hayah)

El orden de palabras sigue patrones del hebreo

EJERCICIOS — LECCIÓN 18

1. Lectura
בראשית ברא אלהים

2. Lectura
והארץ היתה תהו ובהו

3. Desglose
בראשית
ב
ר
א
ש
י
ת

4. Reconstrucción
Completa:
_ ב _ א _ י
Respuesta:
בראשית

5. Identificación
En la palabra:
והארץ
Identifique:
Prefijo: ______
Artículo: ______

6. Reconocimiento

¿Cuál palabra proviene de la raíz **היה**?

היתה

ארץ

שמים

Respuesta: ______

7. Lectura Acumulativa

Lea en voz alta:

בראשית

ברא

אלהים

והארץ

היתה

8. Comprensión

¿Qué significa?

והארץ היתה

Respuesta:

9. Análisis

Organiza la Frase:

והארץ היתה

→ ______ (y la tierra)

→ ______ (estaba)

10. Práctica de Lectura

Lea lentamente:

בראשית ברא אלהים את השמים ואת הארץ

והארץ היתה תהו ובהו

CAMINO DIARIO CON YAHUAH

Un Camino Guiado — Lección 18: Dos Expresiones para Conocer a Yahuah

דברך אמת

Dabarakha amat

Tu palabra es verdad

למדני דברך

Lamadani dabarakha

Enséñame Tu palabra

Resumen de la Lección

El estudiante:

- leyó Génesis 1:1 completo
- comenzó el siguiente versículo
- reconoció palabras en contexto
- identificó prefijos y formas verbales
- avanzó más allá de un solo versículo

En este punto, el estudiante ya entiende que la "H" en la transliteración se pronuncia como una "J". En las primeras lecciones usamos la "J" para facilitar la comprensión, pero ahora presentamos la "H", que es la forma más fiel al hebreo, aunque su sonido en español sea similar a la "J".

LECCIÓN 19 — DOMINANDO PALABRAS FRECUENTES DEL TANAK

Introducción

Algunas palabras aparecen miles de veces en el Tanak.

Aprender estas palabras permite al estudiante:

- reconocer grandes partes del texto
- entender frases más rápido
- leer con mayor confianza

Objetivo de la Lección

El estudiante podrá:

- reconocer palabras de alta frecuencia
- entender su función
- combinarlas en frases
- identificarlas en contexto bíblico

Palabras Clave

1. Partículas

HEBREO	TRANSLITERACIÓN	SIGNIFICADO
ו	Wa	y
את	At	marcador de objeto direc-to
ב	Ba	en
ל	La	a / para
ה	Ha	el / la

2. Sustantivos

HEBREO	TRANSLITERACIÓN	SIGNIFICADO
אלהים	Alohiym	Dios / dioses
יהוה	Yahuah	Nombre del Creador
בן	Ban	Hijo
ארץ	Arats	Tierra
יום	Yom	Día
מים	Mayim	Agua
מלך	Malak	Rey

Cómo Funcionan Juntas

Ejemplo 1

והארץ

Wa + Ha + Arats

y + la + tierra

Ejemplo 2

את הארץ

At HaArats

(especifica) la tierra

Ejemplo 3

בן המלך

Ban HaMalak

hijo del rey

Idea Clave

Estas palabras:

- conectan el significado
- definen relaciones
- estructuran las oraciones

Sin ellas, la lectura es incompleta

Reconocimiento de Patrones

Prefijos

PREFIJO	SIGNIFICADO	EJEMPLO
ו	Y	והארץ
ב	En	בארץ
ל	A	למלך

Artículo

Prefi-jo Significa-do

ה el / la

Ejemplo:

הארץ→ la tierra

EJERCICIOS — LECCIÓN 19

1. Identificar

והארץ

Prefijo: ______

Artículo: ______

Palabra: ______

2. Traducir

Traduce:

בארץ

→ ______

3. Construir

"hijo del rey"

בן

המלך

Respuesta:

4. Función

¿Qué hace:

את

Respuesta:

5. Práctica de Lectura

Lea:

והארץ

בארץ

למלך

את הארץ

6. Análisis

בן הארץ

→ ______ de la tierra

7. Construcción

"y el rey"

ו

המלך

Respuesta:

8. Descomposición

והארץ

→ ______

→ ______

→ ______

9. Lectura Acumulativa

Lea en voz alta:

בן

המלך

והארץ

בארץ

למלך

את הארץ

10. Lectura con Comprensión

והמלך בארץ

Respuesta:

Lectura Contextual

והמלך בארץ

WaHaMalak BaArats

Y el rey está en la tierra

CAMINO DIARIO CON YAHUAH

Un Camino Guiado — Lección 19: Dos Expresiones para Conocer a Yahuah

ברכני יהוה

WaHaMalak BaArats

Y el rey está en la tierra

שמרני מכל רע

Shamarani mikol ra

Guárdame de todo mal

Resumen de la Lección

El estudiante aprendió:

- palabras frecuentes del Tanak
- cómo funcionan los prefijos y partículas
- cómo formar frases
- cómo analizar significado

LECCIÓN 20 —RAÍCES FUNDAMENTALES Y PRIMERAS FORMAS VERBALES

Introducción

Muchas palabras del hebreo bíblico provienen de raíces de tres consonantes. Aprender estas raíces permite al estudiante reconocer muchas palabras en el Tanak. En esta lección también comenzaremos a ver cómo estas raíces se utilizan para expresar quién realiza la acción.

Objetivo de la Lección

El estudiante podrá:

- reconocer raíces hebreas importantes
- entender el significado básico de los verbos
- identificar formas verbales simples
- reconocer quién realiza la acción

Raíces Frecuentes

HEBREO	TRANSLITERACIÓN	SIGNIFICADO	STRONG
ברא	Bara	crear	H1254
אמר	Amar	decir	H559
עשה	Asah	hacer	H6213
נתן	Natan	dar	H5414
הלך	Halak	caminar	H1980
ראה	Raah	ver	H7200
שמע	Shama	oír	H8085
ידע	Yada	conocer	H3045
שמר	Shamar	guardar	H8104
ברך	Barak	bendecir	H1288

Primeras Formas Verbales

Los verbos hebreos cambian ligeramente para mostrar quién realiza la acción. Aprenderemos cuatro formas básicas:

SIGNIFICADO	HEBREO (ברך)	TRANSLITERACIÓN
Yo (bendije)	ברכתי	Barakti
Tú (bendijiste)	ברכת	Barakta
Él (bendijo)	ברך	Barak
Ella (bendijo)	ברכה	Barakah

Observación Importante

La raíz permanece igual:

ב ר ך

Pero la terminación cambia

TERMINACIÓN	TRANSLITERACIÓN	SIGNIFICADO
-תי	-ti	Yo
-ת	-ta / -t	Tú
(sin terminación)	—	Él
-ה	-ah / -a	Ella

Breve Nota:

- ti → primera persona ("yo")
- ta / -t → segunda persona ("tú", masculino/femenino según contexto)
- sin terminación → tercera persona masculina ("él")
- ah → tercera persona femenina ("ella")

Ejemplo con Otra Raíz

שמע — (Shama — oír)

SIGNIFICADO	HEBREO (ברך)	TRANSLITERACIÓN
Yo (oí)	שמעתי	Shama'ti
Tú (oíste)	שמעת	Shama'ta
Él (oyó)	שמע	Shama
Ella (oyó)	שמעה	Shama'ah

Ejemplo con otra raiz

ידע — Yada (conocer)

SIGNIFICADO	HEBREO (ברך)	TRANSLITERACIÓN
Yo (conocí / he conocido)	ברכתי	Yada'ti
Tú (conociste)	ברכת	Yada'ta
Él (conoció)	ברך	Yada
Ella (conoció)	ברכה	Yada'ah

Expresión Bíblica

ידעתי את יהוה

Yada'ti at Yahuah

"He conocido a Yahuah" / "Llegué a conocer a Yahuah"

Nota del Curso

En este curso:

✓ la forma de raíz expresa la idea general

✓ la forma con -ti expresa acción completada

Ejemplos

Expresión | Transliteración | Significado

אני ידע יהוה Ani yada Yahuah | Yo conozco a Yahuah (forma simplificada del curso)

ידעתי את יהוה Yadáti at Yahuah | He conocido a Yahuah

Breve Nota:

- **אני** (ani) → "yo"
- **ידעתי** (yadáti) → "yo conocí / he conocido"
- **את** (at) → marcador del objeto directo
- **ידע** (yada) → raíz "conocer" (forma simplificada en la primera expresión)

Línea Clave

La forma expresa la acción.
El tiempo exacto (pasado o presente) depende del contexto en hebreo bíblico.

Otro Ejemplo

שמע ישראל

Shama Yasharal

"Oye, Yasharal"

✓ misma raíz
✓ misma forma base
✓ usada como mandato

Lo que el Estudiante Debe Entender

La raíz da el significado.
La terminación muestra el sujeto.

EJERCICIOS — LECCIÓN 20

1. Lectura de Raíces

שמע — Shama — oír

ברך — Barak — bendecir

ידע — Yada — conocer

2. Identificar la Raíz

¿Cuál es la raíz?

ברכתי → _____

Respuesta:

ברך

3. Relacionar Significado

ברכתי → _____

ברכה → _____

(yo bendigo / ella bendice)

4. Reconocimiento de Patrón

¿Qué terminación significa "yo"?

ברכתי

ברכה

ברך

Respuesta: _____

5. Construye el significado

Traduzca:

ברכת

→ _____

6. Lectura

Lea:

ברך

ברכה

ברכתי

7. Repaso Acumulativo

Lea en voz alta:

אב

בן

מלך

מים

ארץ

ברא

אלהים

שמע

ברך

ידע

8. Reconocimiento Verbal

¿Cuál significa “ella oyó”?

שמע

שמעה

שמעתי

Respuesta: ______

9. Lectura Final

Lea:

יהוה יברכך

Yahuah Yabarakha

Que Yahuah te bendiga

Expresiones Finales

יהוה יברכך

Yahuah Yabarakha

Que Yahuah te bendiga

ברוך יהוה

Baruk Yahuah

Bendito es Yahuah

CAMINO DIARIO CON YAHUAH

Un Camino Guiado — Lección 20: Dos Expresiones para Conocer a Yahuah

ידעתי את יהוה

Yadaati at Yahuah

He conocido a Yahuah

יהוה קרוב אלי

Yahuah qarob alay

Yahuah está cerca de mí

Resumen de la Lección

Después de 20 lecciones, el estudiante ahora puede:

- reconocer raíces hebreas
- identificar palabras comunes
- entender estructuras básicas
- reconocer formas verbales simples
- identificar quién realiza la acción

EJERCICIO FINAL DE LECTURA DEL TANAK

Yada Yahuah — **ידע יהוה** — Hebreo Bíblico

Introducción

Después de completar las primeras veinte lecciones de este curso, el estudiante ha aprendido:

- las 22 letras del alfabeto hebreo
- las letras finales (Sofit)
- palabras frecuentes del Tanak
- prefijos comunes
- el artículo definido
- raíces fundamentales

En este ejercicio final, el objetivo es practicar la lectura usando palabras reales del Tanak.

Se recomienda:

- leer cada palabra lentamente
- escuchar los audios
- repetir en voz alta
- repasar varias veces

Parte 1 — Reconocimiento del Alfabeto

Lea todas las letras del alfabeto:

א

ב

ג

ד

ה

ו
ז
ח
ט
י
כ
ל
מ
נ
ס
ע
פ
צ
ק
ר
ש
ת
Repita varias veces en voz alta

Parte 2 — Reconocimiento de Palabras

אב
Ab
Padre

בן
Ban
Hijo

מלך
Malak

Rey

מים
Mayim
Agua

ארץ
Arats
Tierra

שם
Sham (Shem)
Nombre

יום
Yom
Día

אלהים
Alohiym

יהוה
Yahuah

Repita varias veces

Paret 3 — Desglose de Palabras

1

מלך

מ

ל

ך

2

מים

מ

י

ם

3

ארץ

א

ר

ץ

4

בן

ב

ן

Parte 4 — Reconstrucción

1

מ _ ך

Respuesta:

מלך

2

מ _ ם

Respuesta:

מים
3
א _ ץ
Respuesta:
ארץ

4
ב _
Respuesta:
בן

Parte 5 — Prefijos
ומלך
Prefijo:
ו = Wa = y

בארץ
Prefijo:
ב = Ba = en

למלך
Prefijo:
ל = La = a / para

Parte 6 — Lectura de Frases
מלך ישראל
Malak Yasharal
Rey de Israel

בן האדם
Ban HaAdam
Hijo del hombre

ברא אלהים
Bara Alohiym
Alohiym creó

Parte 7 — Lectura
זה היום
Zah HaYom
Este es el día

שמע ישראל
Shama Yasharal
Oye, Israel

Parte 8 — Lectura del Versículo
בראשית ברא אלהים את השמים ואת הארץ

Transliteración
Barashit Bara Alohiym At HaShamayim WaAt HaArats

Significado
En el principio Alohiym creó los cielos y la tierra

Análisis
בראשית
En el principio

ברא
Creó

אלהים

Alohiym
השמים
Los cielos

הארץ
La tierra

Parte 9 — Lectura Final
Lea completamente:
בראשית ברא אלהים את השמים ואת הארץ
Repite en alta voz 5 veces.

REFLEXIÓN FINAL

Si el estudiante puede leer este versículo y reconocer varias palabras, entonces ya ha desarrollado las bases necesarias para comenzar a leer hebreo bíblico. Este es el primer paso hacia el propósito del curso:

ידע יהוה
Yada Yahuah
Conocer a Yahuah

Recomendación
Antes de continuar al Nivel 3, se recomienda:
• repasar el alfabeto
• repetir los ejercicios
• escuchar los audios
• leer Génesis 1:1 nuevamente
La práctica constante permitirá reconocer cada vez más palabras en el Tanak.

Las Palabras Más Frecuentes del Tanak

Yada Yahuah — ידע יהוה — Hebreo Bíblico

Esta lista presenta algunas de las palabras que aparecen con mayor frecuencia en el texto hebreo de las Escrituras.

Aprender estas palabras permite al estudiante reconocer una gran parte del Tanak mucho más rápidamente.

Cada palabra incluye:

- texto hebreo
- transliteración del curso
- significado
- número Strong

1 — Partículas Muy Frecuentes

Estas palabras aparecen miles de veces en el Tanak.

HEBREO	TRANSLITERACIÓN	SIGNIFICADO	STRONG
ו	Wa	Y	—
את	At (et)	marcador de objeto direc-to	—
אל	Al (El)	hacia / a	H413
על	Al	Sobre	H5921
מן	Min	de / desde	H4480
כי	Ki	porque / que	H3588
אם	Im	Si	H518
לא	Lo	No	H3808
כל	Kol	Todo	H3605
אשר	Ashar	que / cual / quien	H834

2 — Sustantivos Muy Comunes

HEBREO	TRANSLITERACIÓN	SIGNIFICADO	STRONG
אדם	Adam	Hombre	H120
איש	Ish	hombre / varón	H376
בן	Ban	Hijo	H1121
אב	Ab	Padre	H1
מלך	Malak	Rey	H4428
עם	Am	Pueblo	H5971
ארץ	Arats	tierra	H776
יום	Yom	Día	H3117
מים	Mayim	Agua	H4325
שם	Sham (Shem)	Nombre	H8034

3 — Palabras Relacionadas con Alohiym

HEBREO	TRANSLITERACIÓN	SIGNIFICADO	STRONG
אלהים	Alohiym	Alohiym	H430
יהוה	Yahuah	Nombre del Crea-dor	—
קדש	Qadash	santificar	H6942
ברך	Barak	bendecir	H1288

4 — Verbos Muy Frecuentes

HEBREO	TRANSLITERACIÓN	SIGNIFICADO	STRONG
ברא	Bara	crear	H1254
אמר	Amar	decir	H559
עשה	Asah	hacer	H6213
נתן	Natan	dar	H5414
הלך	Halak	caminar	H1980
ראה	Raah	ver	H7200
שמע	Shama	oír	H8085
ידע	Yada	conocer	H3045
שמר	Shamar	Guardar / Mantaner	H8104
ישב	Yashab	Habitar	H3427

5 — Palabras Frecuentes en Frases Bíblicas

SINGULAR	PLURAL	SIGNIFICADO
בראשית	Barashit	en el princip-io
ישראל	Yasharal (Yisra-el)	Israel
שמים	Shamayim	cielos
הארץ	HaArats	la tierra

Ejercicio de Reconocimiento

Lea las siguientes palabras:בן

Ban

Hijo

מלך

Malak

Rey

ארץ

Arats

Tierra

יום

Yom

Day

מים

Mayim

Agua

Ejercicio de Lectura

Lea la frase:

שמע ישראל

Transliteración:

Shama Yasharal

Significado:

Oye, Israel

Ejercicio de Lectura del Tanak

Texto:

בראשית ברא אלהים את השמים ואת הארץ

Transliteración:

Barashit Bara Alohiym At HaShamayim WaAt HaArats

Significado:

En el principio Alohiym creó los cielos y la tierra

Recomendación de Estudio

Para aprender estas palabras, se recomienda:

- leer cada palabra varias veces
- escuchar los audios
- repetir en voz alta
- intentar reconocerlas dentro del texto bíblico

Reconocer estas palabras permitirá identificar muchas frases del Tanak con mayor rapidez.

Nota Importante

Un estudiante que conoce:

- el alfabeto hebreo
- raíces básicas
- estas palabras frecuentes

puede reconocer aproximadamente el 60–70% de muchas frases del Tanak.

Esto permite avanzar hacia la lectura directa del texto bíblico.

Guía para leer el Tanak

Ejemplo: Genesis 1:1

Después de completar los primeros niveles de Yada Yahuah — ידע יהוה — Hebreo Bíblico, el estudiante ya posee las herramientas esenciales para comenzar a leer el texto hebreo de las Escrituras.

Para ilustrar este proceso, analizaremos uno de los versículos más conocidos del Tanak: Génesis 1:1.

Texto Hebreo

בראשית ברא אלהים את השמים ואת הארץ

Transliteración

Barashit Bara Alohiym At HaShamayim WaAt HaArats

Significado

En el principio Alohiym creó los cielos y la tierra

Análisis palabra por palabra

HEBREO	TRANSLITERACIÓN	SIGNIFICADO	STRONG
בראשית	Barashit	en el principio	H7225
ברא	Bara	creó	H1254
אלהים	Alohiym	Alohiym	H430
את	At	marcador de objeto directo	—
השמים	HaShamayim	los cielos	H8064
ואת	WaAt	y (marcador de objeto)	—
הארץ	HaArats	la tierra	H776

Observaciones

Este versículo contiene varios elementos ya estudiados:

Prefijo

ו

Wa

y

Ejemplo:

ואת

WaAt

y

Artículo Definido

ה

Ha

el / la

Ejemplo:

השמים

HaShamayim

los cielos

Raíz Hebrea

ברא

Bara

crear

Este verbo aparece frecuentemente cuando el Tanak describe la creación.

Cómo Leer un Versículo del Tanak

Para comenzar a leer el hebreo bíblico:

1. Leer el texto hebreo
2. Leer la transliteración
3. Escuchar el audio
4. Analizar cada palabra
5. Entender la estructura

Con práctica constante, el estudiante reconocerá cada vez más palabras.

PREPARACIÓN PARA EL NIVEL 3

En el Nivel 3, el estudiante trabajará directamente con el texto del Tanak, analizando versículos completos y ampliando el vocabulario.

Aprenderá a:

• identificar raíces
• reconocer estructuras gramaticales
• entender el significado en contexto

De esta manera continuará avanzando hacia el propósito del curso:

ידע יהוה
Yada Yahuah
Conocer a Yahuah

El Método Yada Yahuah para Leer el Tanak

Yada Yahuah — ידע יהוה — Hebreo Bíblico

Después de completar los primeros niveles, el estudiante ya posee herramientas esenciales para leer el texto hebreo.

Sin embargo, enfrentarse directamente al Tanak puede parecer difícil.

Por eso este curso presenta un método sencillo:

El Método Yada Yahuah

Su propósito es ayudar al estudiante a analizar cualquier versículo de forma clara.

Paso 1 — Leer el Texto

Leer el texto completo sin necesidad de entender todo.
Ejemplo:

בראשית ברא אלהים את השמים ואת הארץ

Paso 2 — Identificar Palabras Conocidas

Ejemplo:

ברא
Bara
crear

אלהים
Alohiym

הארץ
HaArats
la tierra

Paso 3 — Identificar Prefijos

ו — Wa — y
ב — Ba — en
ל — La — a / para
ה — Ha — el/la

Paso 4 — Identificar la Raíz

Ejemplo

ברא

Raíz:

ב ר א

Significado: crear

Paso 5 — Entender la Estructura

Ejemplo

אלהים

Alohiym creó

Aplicación del Método

Texto:

בראשית ברא אלהים את השמים ואת הארץ

1 — Leer

2 — Identificar palabras

3 — Identificar prefijos

4 — Identificar raíces

5 — Entender la frase

Resultado

El estudiante puede entender:

En el principio Alohiym creó los cielos y la tierra

Recomendación

Para mejorar la lectura:

- leer varias veces
- escuchar audios
- identificar palabras
- analizar raíces
- reconocer prefijos

PROPÓSITO FINAL DEL CURSO

Aprender hebreo bíblico no es solo memorizar palabras o reglas.
El objetivo es acercarse al idioma original de las Escrituras.
Por eso el nombre del curso expresa su propósito:

ידע יהוה
Yada Yahuah
Conocer a Yahuah

GLOSARIO DEL CURSO

Yada Yahuah — ידע יהוה — Hebreo Bíblico
Este glosario reúne palabras utilizadas a lo largo del curso.
Sirve como referencia rápida para repasar vocabulario.
Cada entrada incluye:

- palabra en hebreo
- transliteración
- significado
- número Strong

Glosario Hebreo — Español

HEBREO	TRANSLITERACIÓN	SIGNIFICADO	STRONG
אב	Ab	Padre	H1
אבי	Abi	Mi padre	—
איש	Ish	Hombre	H376
אלף	Alaf	Mil	H505
אלהים	Alohiym	Dios / dioses	H430
את	At	marcador de objeto directo	—
בארץ	BaArats	En la tierra	—
בן	Ban	Hijo	H1121
בנים	Baniym	Hijos	—
ברא	Bara	Crear	H1254
בראשית	Barashit	En el principio	H7225
דוד	Dawid	David	H1732
הארץ	HaArats	La tierra	—
האיש	HaIsh	El hombre	—
היום	HaYom	El día	—
היה	Hayah	Ser / existir	H1961
והיה	WaHayah	Y fue / será	—
והארץ	WaHaArats	Y la tierra	—
ומלך	WaMalak	Y rey	—
יד	Yad	Mano	H3027
יום	Yom	Día	H3117
ימים	Yamiym	Días	—
יהוה	Yahuah	Nombre del Creador	—
ישראל	Yasharal (Yis-rael)	Israel	—
כתב	Katab	Escribir	H3789
כתבים	Katabiym	Escritos	H3791
כל	Kol	Todo	H3605
למלך	LaMalak	Al rey	—
מלך	Malak	Rey	H4428
מלכים	Malakiym	Reyes	—

HEBREO	TRANSLITERACIÓN	SIGNIFICADO	STRONG
ממלכה	Mamlakah	Reino	H4467
מים	Mayim	Agua	H4325
נח	Noach	Noé	H5146
נתן	Natan	Dar	H5414
פרי	Pari	Fruto	H6529
צדיק	Tsadiq	Justo	H6662
ציון	Tsiyon	Sion	H6726
ראה	Raah	Ver	H7200
שמר	Shamar	Guardar	H8104
שמע	Shama	Oír	H8085
שם	Sham	Nombre	H8034
ארץ	Arats	Tierra	H776

Cómo Usar el Glosario

Se recomienda:

- buscar palabras durante el estudio
- leer la transliteración
- escuchar audios
- repetir en voz alta

El repaso constante ayudará a reconocer palabras más fácilmente.

CONCLUSIÓN

Después de completar los primeros dos niveles de **Yada Yahuah** — ידע יהוה — **Hebreo Bíblico**, el estudiante ha adquirido una base sólida para comenzar a leer el texto hebreo de las Escrituras.

A lo largo del curso, se introdujeron:

- las 22 letras del alfabeto
- las formas finales (Sofit)
- prefijos y partículas
- el artículo definido
- raíces hebreas
- palabras frecuentes
- estructura básica de oraciones

Con este conocimiento, el estudiante puede comenzar a reconocer muchas palabras dentro del texto bíblico.

El siguiente paso es avanzar al Nivel 3, centrado en la lectura directa del Tanak.

El propósito final permanece:

ידע יהוה

Yada Yahuah

Conocer a Yahuah

Recursos Digitales del Curso

Yada Yahuah — ידע יהוה — Hebreo Bíblico

Este curso incluye recursos digitales diseñados para complementar el estudio del hebreo bíblico.

Sitio Web

www.yahuahbible.com

Aplicación Yahuah Bible Permite:

- leer el texto bíblico
- acceder a Strong
- identificar palabras hebreas
- buscar palabras
- comparar pasajes

Disponible en:

- Android
- iOS
- Web (PWA) – pwa.yahuahbible.com

Audios de Pronunciación

Los audios permiten:

- escuchar pronunciación correcta
- repetir palabras
- familiarizarse con el sonido del hebreo

Descargar audio: https://aprendeis.com/download-mp3/

Material Complementario

Puede incluir:

- ejercicios
- listas de vocabulario
- análisis de versículos
- material de Nivel 3
- cuaderno de trabajo

Cómo Usar Estos Recursos

Se recomienda:

- estudiar lección por lección
- escuchar audios
- repetir palabras
- practicar lectura

El uso constante permitirá reconocer más palabras en el Tanak.

Nos vemos en el Nivel 3 de **Yada Yahuah** — ידע יהוה — **Hebreo Bíblico**

www.ingramcontent.com/pod-product-compliance
Lightning Source LLC
LaVergne TN
LVHW080334110826
845155LV00027B/236

9781946249616